Mémoire meurtrie

Jean-Christophe Mitterrand

Mémoire meurtrie

Plon

ISBN : 2-259-19498-2

A mon fils, Adrien

« Il est plus facile de désintégrer un atome qu'un préjugé. »

Albert EINSTEIN.

PRÉFACE
par
Pierre PÉAN

De longues années durant, Jean-Christophe Mitterrand a symbolisé une politique africaine que je n'approuvais pas. D'après moi, son père avait commis une erreur en plaçant son fils dans le champs clos des relations ambiguës entre Paris et ses anciennes colonies, relations qui n'avaient guère changé depuis Jacques Foccart qui en fut le grand ordonnateur sous le règne du général de Gaulle. J'ai donc participé avec entrain à la propagation du fameux sobriquet « Papa m'a dit », qui était un excellent résumé de sa fonction, et adopté, sans les vérifier, les nombreuses rumeurs qui couraient à son sujet. Son prétendu goût plus marqué pour les fêtes avec les copains que pour les dossiers irritait beaucoup. Tout le monde disait qu'il avait de mauvaises fréquentations. A partir de 1990, les rumeurs ont changé de nature et sont devenues carrément folles. On alla jusqu'à murmurer qu'il cultivait des champs de pavot au Rwanda. Trop, c'était trop. Il devenait évident que certains prétendus « amis » s'étaient servis de lui pour faire des affaires de toute sorte. Mais je n'avais aucune preuve.

... Jusqu'au jour où je m'aperçus que François de Grossouvre, l'ancien conseiller et ami du Président qui exhalait chaque jour sa rancœur à son endroit et à celui de ses proches, était à l'origine de la plupart des accusations. J'ai alors décidé d'enquêter pendant quelques mois en prévenant l'accusateur et l'accusé. Je n'ai pas trouvé suffisamment d'éléments pour donner corps aux multiples accusations d'affairisme dont il était l'objet. J'ai, en revanche, compris la raison de l'acharnement de Grossouvre : Jean-Christophe Mitterrand avait fait capoter un gigantesque contrat en Afrique de l'Est, dont le responsable des chasses présidentielles était le promoteur très bien rémunéré pour le compte d'un industriel sud-africain...

Le fils du Président concentrait sur lui les haines et les frustrations accumulées contre son père. Sans l'ombre d'une preuve, quelques amis journalistes de François de Grossouvre dressaient de Jean-Christophe un portrait abominable avec déjà une accusation de complicité de trafic d'armes.

Jean-Christophe Mitterrand essayait de dissimuler tant bien que mal les effets de ces blessures derrière de nouvelles rondeurs et une consommation accrue de cigarettes. Ces attaques réveillèrent d'autres blessures d'enfance plus intimes. Le sentiment d'avoir été incompris avait resurgi avec le silence du père, sinon son rejet, alors que les attaques contre lui prenaient leur source à l'intérieur du Palais. Jean-Christophe Mitterrand n'arrivait pas à se faire entendre de son père. Le Président laissait les rumeurs courir... Cette enquête m'a évidemment fait voir Jean-Christophe Mitterrand sous un autre jour. J'ai noué des relations différentes avec lui. J'ai parlé à son père de mes découvertes, facilitant du même coup les rapports entre les deux hommes...

En 1992, durant l'été, Jean-Christophe quittait son poste officiel à l'Elysée pour le privé... Je le voyais de loin en loin jusqu'à ce qu'il fît de nouveau les gros titres des médias. Et de même qu'en 1990, il se retrouva affublé d'une casquette de trafiquant d'armes. Déjà sensibilisé à son cas, je fus profondément choqué de la façon humiliante dont juges et journalistes le traînaient dans la boue. La mise en scène de son incarcération à la veille des fêtes de Noël et d'une nouvelle loi sur la présomption d'innocence m'a ulcéré. Une fois de plus, Jean-Christophe payait pour son père car il me semblait évident que les juges s'en prenaient au symbole. Les images des paparazzi le traquant lors de son entrée à la Santé étaient insupportables. Samedi 23 décembre 2000, *Libération* titrait à la Une : « La chasse de Monsieur Fils ». L'utilisation des photos de cette chasse à l'homme était particulièrement terrible. Dans le regard de Jean-Christophe Mitterrand, j'ai lu toute la résignation de l'homme blessé qui sait bien qu'il aura le plus grand mal à se relever après une telle mise en scène puisqu'on l'a déjà déshonoré et condamné, alors que l'instruction ne fait que commencer. Tous les Français ont suivi les péripéties qui ont entouré sa libération avant, pendant et après la remise de la « rançon » rassemblée par sa mère.

La justice suit son cours tumultueux. Jean-Christophe Mitterrand a-t-il violé la loi ? A cette justice de l'établir, dans la sérénité et l'équité. Mais avant même qu'elle soit rendue, Jean-Christophe a déjà été victime d'une grave injustice. Pour la réparer, je lui ai demandé de se raconter, de dire tout ce qu'il avait sur le cœur afin que chacun puisse se forger son propre jugement sur un homme qui, avant même son procès, a lourdement payé...

AVANT-PROPOS

La rumeur est folle, et elle suffit à tuer un homme. Combien de lettres n'ai-je pas reçues à la suite de mon incarcération, réclamant purement et simplement ma mort. Certains se contentaient d'affirmer que je la méritais, d'autres proposaient les moyens de me l'administrer. Un professeur suggérait par exemple à un journaliste de faire verser de l'arsenic dans mes repas en prison.

J'ai cristallisé les haines et les déceptions, souvent de gens de gauche, à partir de rumeurs qui étaient infondées. Les justiciers de la presse, de la Justice ou du PS se sont pourtant donné beaucoup de peine. On dit qu'il faut savoir tuer le père, mais tuer le père et le fils, c'est encore mieux.

Que reste-t-il aujourd'hui de la calomnie ? La calomnie elle-même. Une tache indélébile, que ni l'amour de mes proches, ni l'amitié, ni le Prozac, ni les non-lieux n'effaceront jamais. La calomnie est une plaie qu'on lèche comme un animal blessé.

Les rapaces ont toujours faim, et sur la bête reviennent encore.

LES JEUNES ANNÉES

1

POURQUOI PAPA NE M'A PAS DIT

Je suis un nomade. Je n'ai pas écrit de vers dans ma jeunesse, ni mené d'expéditions aventureuses dans des pays lointains. Mais né dans une famille de sédentaires, enracinés dans leurs terres de Charente et de Bourgogne, je fais figure de baroudeur. Etudiant baladeur, aux Etats-Unis et en Israël, coopérant en Algérie, journaliste en Afrique, et conseiller aux Affaires africaines, mon nomadisme perdure. Je vis aujourd'hui en Mauritanie. Paris n'est qu'un lieu de passage. Quand j'y suis, j'habite rue de Bièvre, dans la maison de mes parents où j'occupe la chambre mansardée de mon père, encore pleine de ses livres que ma mère reliait. C'était sa passion et le lien très couture qui unissait mes parents à travers la littérature.

Il n'est pas aisé d'être un Mitterrand. Aujourd'hui comme hier. L'antigaullisme de mon père me valut, enfant et adolescent, dans la cour de récréation du lycée Montaigne à Paris, insultes, quolibets, bagarres, même si quelques bons copains faisaient front avec moi. Très jeune je me suis senti blessé et j'ai préféré me projeter ailleurs dans l'imaginaire et le silence. Il n'y avait pas de moule pour moi, de trajectoire bien définie. J'allais rouler ma bosse, faire des affaires, mais pas celles que l'on a prétendues. On me dit aussi noceur et sympathique, aimant les copains et les filles. Il fut un temps où cela était vrai, avant que j'occupe mes fonctions à l'Elysée. Aujourd'hui je consacre mon temps à mon travail et à l'éducation de mon fils, adolescent moins fragile et plus protégé que je ne le fus, et qui a serré les poings et les dents durant mon séjour à la Santé.

Contrairement à ce que suggère l'aimable sobriquet dont la presse m'a affublé, papa ne m'a pas dit grand-chose. J'ai même le sentiment que nous nous sommes un peu ratés. Quant à la déclaration de ma mère au sujet d'une certaine « rançon », il ne faut y voir qu'une manifestation de la peine dans la révolte. Son militantisme parfois forcené et sans nuance, ses luttes au sein de sa Fondation l'ont maintes fois prouvé. Elle a été pilonnée, moquée, parfois désavouée. Elle a toujours résisté, ne doutant jamais de la justesse de ses combats et s'y jetant avec l'âpreté nécessaire quand ils étaient parfois plus difficiles que d'autres à mener. Et parfois la colère...

Je ne suis pas un politique comme mon père, ni un militant comme ma mère. Leurs ombres m'ont souvent caché la lumière. On dit qu'il ne pousse rien à l'ombre des baobabs. Sans doute est-ce la raison pour laquelle je n'aime rien tant que l'espace infini des déserts, ces horizons perdus, ces champs de liberté et d'incertitude, sans repères, boussole, ni pendule. Et la lumière, je l'ai trouvée ailleurs, sur des terres nomades, au cœur de cette Afrique que j'aime tant.

Dans la famille Mitterrand, je suis le fils d'à côté. Ecolier rêveur, étudiant hippy, adulte sans vocation, j'ai une image de dilettante que je revendique et que, paraît-il, mon frère m'envie, lui le cadet exemplaire. Je n'aime pas le diktat des partis, ces sectarismes et petits totalitarismes qui cherchent à fondre toutes les énergies en une seule. Je suis farouchement individualiste. Quant à mes analyses politiques, elles se situent plus au centre qu'à gauche. Et parfois mes opinions balancent. Les clivages politiques et les attitudes partisanes me gênent.

Cette indépendance d'esprit m'a valu d'être souvent disqualifié aux yeux d'autrui. « On » a fait de moi un marginal doublé d'un incapable et d'un affairiste. Les « mêmes » qui ont contribué avec succès à ma réputation, soutenant par ailleurs que mon père me méprisait Ils se trompent. J'ai eu avec lui de sérieux et violents accrochages professionnels lorsque j'étais en poste à l'Elysée. Et mon père, ceux qui l'ont côtoyé le savent, pouvait se montrer cruel dans la colère. Pourtant jamais je n'ai eu à souffrir de son mépris. De son incompréhension, de son éloignement, parfois. Mais cette distance venait aussi de moi. J'étais pour lui le fils en point d'interrogation, comme il demeure parfois des questions sans réponse. Son point d'horizon était le plus haut sommet de l'Etat, le mien celui d'une dune. Nous formions un té parfait.

2

LES ANNÉES VAGUES

Je suis né le 19 décembre 1946 à Boulogne-Billancourt, quinze mois après la mort en bas âge de mon frère Pascal. Je suis donc le plus vieux d'une fratrie de trois, sans en être l'aîné, et en comptant Mazarine.

De ma petite enfance, il ne me reste que peu de souvenirs. Je n'ai pas connu mes grands-parents paternels. Mais mes grands-parents maternels ont rempli leur office pour quatre. Mon grand-père, principal de collège, franc-maçon, était un laïc militant et un pratiquant intégriste de la tolérance. Long et sec, c'était un intellectuel malhabile de ses dix doigts, dont le physique austère offrait un contraste intéressant avec la courte silhouette replète de ma grand-mère Renée qui était la douceur et l'amour incarnés. En vieillissant elle était devenue si petite qu'en plaisantant on lui interdisait de coller des affiches pendant les campagnes électorales, au prétexte qu'elle les aurait placées si bas que les chiens auraient pu lever la patte dessus. Mes grands-parents habitaient à Cluny, en Bourgogne, et leur maison de « ROMADA » (contraction de Roger, Madeleine [1] et Danièle, le nom de leurs trois enfants) fut le refuge d'Henri Frenay, parrain de mon frère Gilbert et le patron de *Combat*, ainsi

1. Madeleine est le véritable prénom de ma tante Christine. Ne l'aimant pas, elle en a choisi un autre qui avec le temps est devenu son vrai prénom.

que de sa compagne Bertie Albrecht qui s'y abritèrent pendant la guerre jusqu'au printemps 43.

« Romada » restera pour moi le grenier de mes premiers souvenirs. Le son grave de la vieille pendule marquant tous les quarts d'heure comme un rappel à l'ordre, le buste de Beethoven et les trois singes de la sagesse posés sur le piano, le vieux poêle à charbon dans l'entrée, les cerisiers dans le jardin et les coliques générées par l'absorption massive de leurs fruits rouges, l'odeur des confitures cuisant pendant des heures dans la grande bassine en cuivre et le goût des fruits caramélisés sur nos doigts. Je ne retrouve pas dans ma mémoire ces petits cailloux de l'enfance qu'on laisse derrière soi, en dehors de ce sillon de tendresse. Car je suis né tendre, au sein d'une famille qui ne l'était guère. Pas du genre à s'embrasser ou se toucher. Quel manque ou quelle colère me poussa une nuit à fuguer vingt-quatre heures dans le jardin du Luxembourg alors que j'avais à peine dix ans ? Efflanqué comme une chèvre, je m'étais introduit dans le parc en me glissant entre deux barreaux. Je ne garde finalement de mes heures enfantines qu'un sentiment assez flou. J'ai mis, il est vrai, longtemps à me dessiner.

Enfants, mon frère et moi, nous n'avions pas l'impression de vivre au sein d'une famille différente. Nous étions protégés. Et comme il était d'usage à l'époque, le monde des adultes et celui des enfants demeuraient cloisonnés. Nous mangions rarement avec nos parents, nous nous couchions tôt, et il était impensable que nous puissions participer aux conversations des « grands ».

J'ai fait mes classes à l'Ecole alsacienne jusqu'en cinquième. Ecolier et étudiant réfractaire à l'étude, j'ai fait la valse des établissements privés, publics et même religieux, jusqu'à mon baccalauréat. Il est difficile de faire avancer un âne qui recule. Allergique aux contraintes et boudant l'étude, je traînais mon je-m'en-foutisme d'un pensionnat à l'autre, mauvais élève sans mauvaise conscience. Les maths et l'histoire étaient les seules matières qui m'intéressaient. Je zappai le latin dès la sixième, au grand dam de mon père. Ma seule punition fut l'isolement. Il fallait me dresser. Je n'étais pas né solitaire, mais, séparé des miens, je le devins par la force de mes éloignements successifs.

Je me souviens particulièrement de ce petit pensionnat près d'Aix-les-Bains, à Mieugy, où je suis resté deux ans. Mon père, qui passait me voir deux ou trois fois durant l'année scolaire, trouvait l'environnement splendide. Oui, c'était très vert, il y pleuvait 360 jours par an. Moi, elles me semblaient sinistres ces montagnes d'éboulis sombres avec leurs arbres accrochés à la roche et à l'équilibre suspect. Ces gorges serrées enchâssées dans la vallée du Rhône et ses affluents. Les eaux profondes et noires de ses grands lacs. Tout dans ces paysages, du ciel à la terre, portait à la mélancolie, même ces sublimes chants grégoriens des moines de l'abbaye de Hautecombe que j'écoute encore en tremblant, et qui m'évoquent ces deux vers célèbres de Lamartine [1] :

Ô temps, suspends ton vol ! Et vous, heures propices,
Suspendez votre cours.

En raison d'une carrière politique qui mangeait toute sa vie, et d'une vie privée qui n'avait rien à lui envier, François Mitterrand était un père plutôt absent. Comme je le fus moi-même du temps des affaires africaines. Il palliait ses absences physiques par une autorité paternelle, veillant sur nous comme une vieille duègne, soucieux de notre éducation et attentif en tout : tenue vestimentaire, scolarité, messe dominicale. Contrairement à mon frère, j'étais souvent rétif à ses remarques,

1. « Le Lac », *Méditations poétiques* (1820).

j'attendais de lui autre chose. Une exclusive qu'il ne pouvait pas me donner puisqu'il se donnait à tous, proches, amis, fidèles éminemment choisis, éminemment aimés. Et tous ont eu à souffrir de ce don partagé. Malgré ses éloignements au long cours, il nous aimait et savait le moment où la ligne jaune allait être franchie. Il s'amendait avant la rupture. Il lui suffisait d'un mot, d'un geste pour resserrer des liens qui s'étaient dénoués. On était toujours au millimètre près, et c'était toujours au moment où j'allais craquer, désespéré de solitude, que je le voyais surgir, attentif et impérial, dans cet univers gris. Il avait l'habitude de m'amener manger des escargots à Seyssel chez M. Berthelot, un petit bistrot où l'on servait des plats simples sur des nappes à carreaux. Mon père adorait les rituels, c'était sa marque de fidélité, et celui-là en était un. Quelques mois avant sa mort, nous évoquions ces moments-là et je lui rappelai le restaurant de M. Berthelot. Mon père, allongé sur son lit, me reprit vivement : « Mais non, pas Berthelot, Herbulot ! » Il n'oubliait jamais rien.

Je me souviens de l'une de ces chaudes journées d'été à Latch. Mon père, comme à son habitude, s'installa dans son fauteuil après le déjeuner pour lire son journal. Mon fils Adrien avait huit ans, et il adorait son grand-père qu'il avait peu l'occasion de voir. Il se planta devant le journal grand ouvert : « Dis papy, on va donner à manger aux ânes ? » Le journal ne broncha pas. Mon fils insista, sans résultat. Finalement je vis mon petit bonhomme, les poings sur les hanches, lancer outré sa dernière tirade : « Je te vois déjà rarement, et en plus tu lis ton journal ! » Le journal se replia : « Allez viens, on va donner à manger aux ânes. » Mon fils avait eu une audace que je n'aurais jamais eue à son âge. J'étais heureux pour lui.

Ma mère ne venait jamais me voir en pension. Peut-être supposait-elle que passer toutes mes vacances avec elle, mon frère Gilbert, et Jean, un ami, suffisait à mon bonheur. Ce quatrième larron qui nous accompagnait, professeur de gymnastique de son état, était membre organisateur du Club des Loisirs alpins et nautiques (CLAN), initiant les enfants et les adolescents aux joies des sports de montagne et de mer. Adolescent, mon frère deviendra à son tour un des moniteurs de ski du club. A bord de sa Dauphine Gordini, Jean nous emmenait skier à Courchevel, Cervinia ou Saas Fee en Suisse, toutes les vacances d'hiver, de Noël à Pâques. Mon père était un peu comme Churchill, il pratiquait peu le sport, bien qu'il eût fait du tennis dans sa jeunesse et du foot comme gardien de but dans son enfance. En revanche, le sport le passionnait. Sur le tard, il s'était mis au golf qui était davantage un terrain de conversation que de jeu. Mais nous devinions à son humeur lorsqu'il rentrait s'il avait bien ou mal joué.

A Courchevel, qui n'était à l'époque qu'un village de montagne rustique qui ne comptait qu'une piste de ski, j'ai eu la chance d'avoir comme premier moniteur de ski Emile Allais[1] qui, trente ans plus tard, à quatre-vingts ans passés, me donnera une dernière leçon de ski, de santé et de vie avec Léo Lacroix, les deux gaillards dévalant les pistes droit devant, alors que je m'essoufflais à les suivre.

Je retrouvais mon père toujours en pointillé, l'été. Mes parents avaient fait construire une très jolie villa à Hossegor dans les Landes, qui accueillait tous leurs vieux amis, ainsi que leurs enfants. « Coco » Léglise, golfeur et libraire à Bayonne, Mermaz, Rousselet, Beauchamps, Dumas, Hernu, Charles Moulin, Guy de Saint-Perrier, les frères Raillard, Guy Chauvet, ténor et ami de Roger Hanin qui faisait trembler les vitres lorsqu'il s'éclaircissait la voix sous la douche, et tant d'autres

1. Premier champion du monde de 1936 à 1938.

presque tous aujourd'hui disparus. Hossegor était une charmante petite station balnéaire qui débutait, un Saint-Trop' landais où chacun se connaissait. Nous marchions en bandes, la bande des parents et celle des enfants qui rivalisaient dans leurs prouesses de potaches. Nous avions inventé le lancer de grenades à plâtre sur les voitures, l'arrivée en Méhari dans le hall des bars-restaurants près de la plage, le concours des urineurs éméchés sur les comptoirs de bar...

Moi je pratiquais plutôt les sports de plage, tandis que mon frère et mon père préféraient jouer au golf. La plage et le golf étaient deux mondes bien distincts. L'un plus décontracté, propriété des surfeurs bien avant que ce ne soit la mode ; l'autre plus guindé avec ses codes bourgeois. C'est au « club house » du golf que mon père a connu les parents d'Anne Pingeot qui passaient leurs vacances en famille à Hossegor... Mon frère a souvent joué avec eux, sans jamais remarquer l'attention particulière que mon père accordait à leur fille. Peut-être ne voulait-il rien voir.

Nous avions découvert Hossegor grâce à Georges Bauchamps, un des premiers membres du réseau de Résistance, qui y avait loué une villa durant l'été, « la Cantate des Pins », à la fin des années 50. Ma tante Christine avait aussitôt adopté la région. C'est d'ailleurs à la mairie d'Hossegor qu'elle a épousé Roger Hanin, dont nous fûmes, mon frère et moi, les garçons d'honneur. Séduit par l'endroit qui avait le charme sans tapage de ces lieux de villégiature bourgeois un peu désuets qui associent le calme et la beauté, mon père décida en 1955 de faire construire une villa entre lac et mer, avenue des Fauvettes, à l'abri des regards indiscrets. Il avait fallu déloger un couple de chevreuils pour faire les travaux, tellement l'endroit était encore isolé et sauvage. Quinze ans plus tard, l'expansion de la ville grignotait notre domaine. Nous vendrons la maison en 1971 pour financer l'achat du domicile familial à Paris, rue de Bièvre. Entre-temps, mon père avait découvert LATCH[1] grâce à son ami Michel Destouesse, maire de Moliets et Maa. Une vieille ferme de gemmeur perdue en pleine forêt landaise, entre l'étang de Soustons et la mer, qu'il décide d'acheter et de rénover et que nous investirons en 1969.

L'été 1965 fut particulier. Outre les amis habituels, la villa d'Hossegor bruissait de journalistes, d'hommes politiques que nous n'avions pas l'habitude de croiser là pendant les mois d'été. Les déjeuners devenaient des conclaves d'où nous étions exclus ou témoins muets selon les cas. Nous nous doutions des projets de mon père. Mais ils restèrent non déclarés jusqu'en septembre, date à laquelle il annonça sa candidature surprise aux présidentielles contre le général de Gaulle. Il ne nous avait pas demandé notre avis, c'était son droit. Ma mère vivait encore les tourments de « l'affaire de l'Observatoire »[2] et des années sombres qui avaient suivi : « Ne retourne pas dans cette bagarre », l'avait-elle supplié. En vain. Le 19 décembre 1965, jour de mes dix-neuf ans, mon père obtenait 45 % des suffrages contre de Gaulle au second tour. Contre toute attente, de Gaulle n'avait pu être élu au premier tour. Les temps changeaient, et le vent de l'Histoire tournait pour mon père. C'est un vent que je n'aimais pas, il l'emportait dans un monde qui m'était et me restera toujours étranger.

Quand je revenais chez nous à Paris rue Guynemer, face au jardin du Luxembourg, appartement que nous louions avant la rue de Bièvre, la maison était toujours pleine, et la politique omniprésente. Nous étions une

1. Latch viendrait de la déformation du nom en patois landais de l'outil utilisé par le gemmeur pour saigner les pins et recueillir la résine.

2. 1959. Attentat à la mitraillette contre mon père devant les jardins de l'Observatoire à Paris (à deux pas de mon lycée) qui s'était transformé en machination politique contre lui.

famille assiégée. Nous avons vu passer Bob Kennedy, Jacques Brel, Waldeck Rochet, Georges Marchais, Benoîte Groult, Jean Vilar, etc. Mon père cultivait déjà le mélange des genres. Que de conversations enjouées et passionnées ai-je entendues autour de la longue table rectangulaire de la salle à manger. Mon frère, fasciné, tenait alors un livre d'or qu'il a précieusement gardé. De mon côté, la piété n'était pas mon fort. Des hommes et des femmes célèbres passaient, et moi je disparaissais en pension tandis qu'ils prenaient ma place.

Un matin de novembre 1972, Robert Badinter et mon père prenaient leur petit déjeuner dans le salon, silencieux. Robert Badinter donnait l'impression d'avoir pleuré. A l'aube un condamné, Roger Bontemps, venait d'être exécuté, et Robert Badinter, qui était son avocat, avait assisté à sa mort.

Mon père et ma mère vivaient ensemble, et parallèlement. Leur complicité paradoxale était inscrite dans le marbre. C'était la force des couples d'antan, même si les coups de canif étaient parfois de sacrées lames.

Autour de mes parents gravitaient les amis du premier cercle. Celui des jeunes années et de la Résistance, ceux que mon père tutoyait, au premier rang desquels se tenait Roger-Patrice Pelat qui fut fiancé à ma tante Christine, la sœur de ma mère, femme de tête, dynamique, que l'on surnomme la « reine mère », et qui emporte tout sur son passage, même à quatre-vingts ans passés. Christine est mariée avec Roger Hanin depuis plus de quarante ans, notre « Tonton Belote » qui nous a appris à jouer aux cartes un peu à la Pagnol : « Panisse, tu me fends le cœur ! »

Donc Roger-Patrice Pelat, André Bettencourt, Bernard Finiftère, Pierre Guillain de Bénouville, Georges Beauchamps, compagnon actuel de Marie-Claire, la secrétaire à vie de mon père et marraine de mon fils, Georges et Jean Dayan, et bien sûr mon parrain Jean

Munier, tous membres du réseau de Résistance de mon père, un quarteron d'inconditionnels qui se seraient jetés de la falaise pour lui, même s'ils ne partageaient pas tous ses idées politiques.

Roger-Patrice Pelat, communiste avant-guerre, avait une mère qui refusait d'écouter Radio Moscou à l'époque de Khrouchtchev, lui préférant Radio Albanie qu'elle considérait plus orthodoxe. Guillain de Bénouville, l'ami d'enfance qui était le seul avec Pelat à grimper les marches de l'Elysée sans se faire annoncer, et qui fut député gaulliste, André Bettencourt, membre du mouvement de Résistance de mon père et plusieurs fois ministre, de De Gaulle à Giscard... Même si nous les respections, nous les considérions d'abord comme les amis de mon père. Une génération nous séparait. Seul Roger-Patrice Pelat, aventurier flamboyant, parrain de mon frère aîné décédé et de mon fils, sera pour moi un second père. Lorsque, tout au début de l'affaire, je l'interrogeai sur les suspicions à son encontre de délit d'initié de la Société Générale dans l'affaire Péchiney-Triangle, où il a été entendu plus tard comme témoin, il me répondit avec un sourire : « Mais si j'avais été informé que cette opération allait être aussi rentable, j'aurais pris beaucoup plus d'actions... »

Les rapports avec mon frère étaient difficiles. On rapporte que j'étais placide, mais j'ai surtout le souvenir que nous nous massacrions. Il m'appelait « Grosse prune », parce que j'opposais mon poids et ma taille, et surtout mes deux années de plus à sa force quand nous luttions corps à corps. C'était un élève suffisamment consciencieux pour échapper aux remarques, et dont les otites à répétition et une opération chirurgicale en 1959 lui valurent de faire une partie de sa scolarité à Cluny où mes grands-parents habitaient, restant ainsi dans le giron de ma grand-mère veuve depuis peu. Il aimait les sports d'équipe, pratiquait assidûment le foot en tant qu'arrière gauche, et naviguait en bande. Il était en tout mon opposé. Il dit volontiers qu'il n'a pas eu besoin de tuer le père pour exister, et qu'il s'est toujours considéré comme un bon petit soldat. Ses liens avec notre famille sont restés serrés. Je pense qu'il ne passait pas un jour sans téléphoner à mon père ou ma mère toujours inquiète de ses silences. Il prétend avoir envié mon indépendance d'esprit, mais je n'en suis pas sûr. Il aime pardessus tout le cours paisible de ces fleuves dont on connaît la source et l'embouchure. Terrien et sédentaire, il cultive l'esprit de famille tandis que je l'ignore. J'aime les miens, mais comme Rimbaud aimait sa mère et sa sœur, et ne trouvait le salut que dans la fuite. Je mélange les dates anniversaires de mes parents nés tous les deux en octobre. Je ne me souviens précisément que de celle de mon fils, et de celle de Mazarine un jour avant la mienne.

Mazarine. Nous subodorions que la vie de couple de nos parents n'était pas ordinaire, même s'ils restaient très attachés l'un à l'autre. Mazarine existait, nous le savions tous, mais personne n'en parlait jamais. Nous étions dans le déni en forme de non-dit. Un jour d'automne 1993, j'ai décidé de rompre l'omerta familiale. J'ai demandé à mon père de me la présenter, sans toutefois le dire à ma mère. Ma démarche aurait pu la blesser. C'était un après-midi à Latch. Il m'a répondu, bottant en touche comme si nous nous entretenions sur un sujet banal : « Pas de problème, je vais te donner son numéro de téléphone et tu vas l'appeler. Je la préviendrai de ton appel. — Non, non. Pas question. Tu ne vas pas te défiler. C'est toi qui dois organiser la rencontre. »

Je voulais qu'il assume. Elle avait dix-sept ans, et c'était déjà une affaire d'Etat. J'ai suggéré qu'il lui propose un dîner en tête à tête, entre elle et moi, lorsque je serais à Paris. Elle accepta sans hésiter la requête qu'il lui fit à ma demande. Je ne sais si c'était le besoin d'exister à nos yeux, la curiosité ou la volonté de faire plaisir à notre père qui inspira sa décision. Peut-être un peu des trois. De mon côté, la semi-clandestinité dans laquelle elle avait été élevée me rapprochait d'elle. J'ai choisi pour la rencontrer un restaurant en vue à l'Alma, « Marius et Jeannette ». Je voulais officialiser nos rapports de façon claire. Mon père montra davantage de fébrilité pour « monter » l'affaire que pour un sommet du G7. Pour la première fois, je suis arrivé en avance à un rendez-vous. Je n'ai eu aucun mal à la reconnaître, emmitouflée dans son châle, il y avait comme un air de famille... Le dîner se déroula le plus naturellement du monde. Mazarine est réservée, mais pas timide. Elle me conta sa vie d'étudiante et d'amoureuse. Sans doute avions-nous beaucoup de choses à découvrir et à nous dire, car nous fûmes les derniers clients à quitter les lieux. Le lendemain mon père me demanda comment notre rencontre s'était passée. « Bien. Nous devons nous revoir. » Je ne pus lui en dire plus, il n'insista pas. Mais à partir de ce moment-là nos rapports changèrent imperceptiblement. J'avais franchi la porte d'une arrière-cour secrète, et il en fut soulagé.

Mazarine a fait connaissance du reste de la famille le jour des obsèques de mon père. Une (re)connaissance laissée un peu au point mort depuis. Quant à moi, cette rencontre m'a libéré en me permettant d'entretenir des rapports plus libres avec un homme écartelé entre ses deux familles. Lors d'une interview, la journaliste Béatrice Schönberg me demanda ce que cela faisait d'avoir une « demi-sœur ». Je n'ai pas très bien compris la question. Demi-sœur ? Dans quel sens devais-je la couper ?

J'ai achevé mes études secondaires, première et terminale, dans un pensionnat public à Fontainebleau. J'avais envie de me rapprocher de Paris. Je n'étais pas un bon élève, pas tout à fait nul non plus. Mais j'excellais surtout dans les disciplines alpines. Presque chaque week-end d'hiver je partais faire du ski dans une vieille 4L avec Jean-Pierre Fleury, camarade de classe dont les parents tenaient un magasin de sport à Melun et avec lequel je partageais ma passion de la montagne. Accro à la compétition, j'arrivai même à me hisser au niveau de la 3e série en national. Revers de la médaille, je dus m'y prendre à deux fois pour avoir mon bac « math élém » pendant que mon père mettait de Gaulle en ballottage. Je m'en fichais car à ce moment-là je tombai amoureux. Elle passait ses vacances à Hossegor et avait un petit air d'Audrey Hepburn...

3

LES ANNÉES NOMADES

1967. Je me suis envolé pour New York poursuivre des études qui couraient plus vite que moi. Je partageais un appartement avec un Français dans un quartier de l'East Side de Manhattan, à la hauteur de la 69e Rue, surnommé « The Girl Ghetto », un endroit paisible, conglomérat de maisonnettes à l'anglaise où logeait un grand contingent de secrétaires. Je m'essayai à toutes sortes de petits boulots, la plupart du temps improvisés, entraîneur de basket, baby-sitter, voix française pour la méthode Assimil locale, laveur de voitures, et même modèle pour des pull-overs, avec la fille d'un diplomate français à l'ONU. Je devais survivre à tout prix pour rester.

Pour le nouvel an, je fis une escapade en Californie afin de rejoindre mon père qui faisait une tournée de conférences aux Etats-Unis accompagné de ma mère et de Patrice Pelat. Nous visitâmes la vallée de la Mort, le Grand Canyon, Las Vegas, Palm Springs, oasis à milliardaires, entourée de golfs verdoyants en plein désert.

Mon père s'étonnait de mes difficultés en anglais. Je lui faisais valoir les différences d'accent entre l'Est et l'Ouest. Je me débrouillais à New York, par exemple, mais ailleurs c'était plus difficile, et ce n'est pas l'anglais appris en classe qui m'avait beaucoup aidé. Je ne commenterai pas l'anglais de mon père qui s'en remettait à moi. Il a rapidement compris qu'il avait tort. Je tenais de lui mes difficultés à apprendre correctement les langues. « Une question d'oreille », disait-il. C'est sans doute grâce à cette « oreille » que je chante aussi faux que lui. Quant à ma mère, elle n'était guère plus douée. Elle s'obstinait cependant à vouloir apprendre la langue de Shakespeare. Cours intensifs sur cours intensifs, rien n'y faisait. Elle a arrêté le jour où je lui ai suggéré d'essayer la méthode par intraveineuse... Dans ces conditions, il nous était génétiquement impossible à mon frère et à moi d'être doués pour les langues étrangères...

Coup sur coup, deux assassinats allaient marquer le pays au fer rouge. Ceux de Martin Luther King et de Robert Kennedy. Le soir du premier, je me trouvais dans une boîte de jazz à Harlem. Dans les minutes qui ont suivi son annonce, Harlem était à feu et à sang. J'ai filé en douce, profil bas. Je me suis retrouvé quelques jours plus tard à Central Park au milieu de la déferlante noire venue de Harlem assister à la messe en la mémoire de Martin Luther King, et chantée notamment par Samy Davis Junior. Les Blancs étaient une denrée rare au milieu de cette foule portée par le chant et la douleur, mélangeant le verbe, la musique et les larmes jusqu'à l'évanouissement. J'ai compris ce jour-là tout le sens du mot ferveur.

Le pouls de New York battait vite. Sexe, drogue et rock and roll étaient la norme. On pouvait rajouter à ce triptyque, comme les Beatles le chantaient, « Revolution ». Le pays était au bord de la rupture, d'émeutes raciales en manifestations contre la guerre du Viêt-nam, nous avions l'impression de jouir sur un volcan. Au cinéma, je découvris *La Bataille d'Alger*, de l'Italien Gillo Pontecorvo, un film sur la guerre d'Algérie, interdit en France. Lors de la projection, les jeunes Américains, prenant fait et cause pour le FLN, applaudissaient chaque fois qu'un Français se faisait tuer. Leur enthousiasme me laissait perplexe. A la fin de la projection, quand les youyous des femmes célèbrent l'indépendance, un jeune Américain lança dans la salle : « J'espère qu'il y aura un 1962 au Viêt-nam ! » Je comprenais enfin. Ils assimilaient l'armée française aux GI américains dont ils souhaitaient le départ du Viêt-nam.

Le cinéma et la musique occupaient la majeure partie de mon temps. Les Doors se produisaient à ma plus grande joie dans un club que je fréquentais. Le groupe jouait jusqu'à plus soif, ce qui signifiait quelque chose pour le chanteur Jim Morrisson, et jusqu'à ce que le dernier client ait quitté la salle au petit matin.

C'est aussi à New York que j'ai inhalé mes premiers joints. Oui, j'ai avalé la fumée contrairement à ce qu'a affirmé Bill Clinton, davantage par convivialité que par conviction. Les filles faisaient partie du paysage. Je tombai sous le charme de Leslie Bogart (fille de...). Elle habitait West Side chez sa mère, Lauren Bacall. La première fois que j'allai la chercher chez elle, j'avais les jambes en coton : j'allais rencontrer « The look » en personne. En effet, après avoir sonné, la porte s'ouvrit, et se tenait devant moi, sourcils écarquillés, une grande femme en bigoudis et robe de chambre dont je n'étais pas sûr qu'elle fût à jeun. Le mythe s'effondrait. Mais Leslie était charmante.

Après un an passé à New York, je rentrai à Paris en passant par Bruxelles, car début juin 1968 la France était paralysée par les grèves et la pénurie d'essence. Ma dégaine surprit mon entourage familial qui n'en laissa rien paraître : jeans, cheveux noués en catogan, Ray-Ban tombées du camion, et pieds nus. Si dans la masse des jeunes de l'époque je passais inaperçu, chez les Mitterrand, l'effet était plus contrasté. Je devais néanmoins m'occuper de choses sérieuses, c'est-à-dire achever mes études. Mon père voulait que je fasse Sciences-po, comme lui. Je n'avais aucune envie d'intégrer une grande école, 68 oblige. Ce n'était pas dans l'air du temps. Pour lui agréer, je passai mollement le concours d'entrée et le ratai sans conteste. Par précaution, j'avais rendu une feuille blanche. Dans la foulée, je fis un stage à l'Agence France-Presse, ignorant que, quatre ans plus tard, j'y débuterais ma vie professionnelle. Je m'inscrivis à la faculté de Vincennes en histoire-géo. La nouvelle faculté inaugurait les fameuses unités de valeur qui laissaient une certaine latitude pour réussir aux étudiants dilettantes de mon espèce. Mon père me souffla le sujet de ma dernière unité de valeur pour obtenir mon DEUG : « Etude comparative de la notion de l'Etat entre Laurent le Magnifique[1], Savonarole et Machiavel ». Sujet tout à fait remarquable, très mitterrandien. Mais en pleine déception amoureuse, je décidai une fois encore de partir voir ailleurs si le ciel était plus bleu. « Audrey Hepburn » avait décidé d'épouser un avocat à l'avenir plus prometteur que le mien — elle-même a depuis accompli une belle carrière dans la magistrature et elle siège maintenant au Conseil d'Etat. Je n'avais pas grand-chose à lui offrir, à l'époque on évoquait « les lendemains qui chantent », moi je vivais au jour le jour. « Retiens la nuit », chantait Johnny. Je n'ai rien retenu. Ni Audrey Hepburn, ni les leçons de mon père.

Il me fallait de l'action pour oublier : je choisis Israël. Nous étions au lendemain de la guerre des Six Jours. Je me rendis à l'agence juive parisienne où je rencontrai Jacques Golan. Je lui fis part de mon intention. Il me répondit : « Je suis kibboutznik, venez donc à mon kibboutz de Kfar-Hanassi [Village-président en hébreu], en Haute-Galilée au nord du lac Tibériade.

1. Mon père avait commencé une biographie de Laurent le Magnifique. C'est à ce sujet que Georges Dayan lui avait présenté Jacques Attali pour l'aider dans ses recherches.

— Un kibboutz ? pourquoi pas, c'est une bonne initiation. » Il me raconta que ce kibboutz se trouvait tout près du pont « Des Filles de Jacob » qui enjambe le Jourdain. Ce pont est devenu célèbre quand Israël l'a emprunté pour lancer son offensive sur le Golan contre la Syrie. J'avais l'impression d'entrer un peu dans l'Histoire.

En décembre 1969, j'embarquai à Marseille sur un navire de la Zim, compagnie israélienne, avec quelques centaines de francs en poche. L'Histoire venait à moi une première fois par la mer. Nous arrivâmes à Haïfa en même temps que les fameuses vedettes de Cherbourg « dérobées » quelques jours plus tôt par des commandos israéliens. De Gaulle avait décrété un embargo sur les armes à destination d'Israël. Les vedettes, déjà achetées par Tel-Aviv, n'avaient pas été livrées et restaient à quai au port de Cherbourg. Les Israéliens étaient venus les récupérer à la barbe de nos services de sécurité.

Au kibboutz, les jeunes avec lesquels j'allais travailler butaient sur mon prénom : John Christopher. « Comment peut-on t'appeler ?

— Aux Etats-Unis ils me surnommaient J.C.

— Ici ce n'est pas possible ! On va t'appeler Chris. » Bien sûr.

Quelques semaines plus tard, j'assistai à la première intervention militaire directe israélienne au Sud-Liban. Nous étions aux premières loges. J'étais en train de pêcher la carpe dans des étangs artificiels appartenant au kibboutz, non loin de Metulah, à la pointe nord d'Israël, lorsqu'un vrombissement effroyable nous fit plonger dans l'eau. Des chasseurs bombardiers passaient en rase-mottes, en direction de la frontière. Nous sortîmes la tête de l'eau pour entendre, à peine quelques minutes plus tard, les bombes exploser sur les pentes du mont Hermon. Puis les bombardiers repassèrent au-dessus de nous, leur mission accomplie. Le soir, sur la route du retour, nous croisâmes les convois militaires d'intervention qui entraient au Liban.

La tension s'était brutalement accrue. Des exercices de sécurité étaient organisés dans les kibboutz, les abris et les tranchées nettoyés, des rondes constituées. Lorsqu'on se déplaçait hors de l'enceinte du kibboutz, il fallait être très prudent, se méfier de tout et de tous de peur d'un attentat. C'est sûrement pour faire face à cette tension permanente et ordinaire que la jeunesse israélienne vivait à 100 à l'heure, notamment à Tel-Aviv sur l'avenue Dizingoff, un mélange des Champs-Elysées et du quartier Latin, qui ne désemplissait jamais.

Faire l'Histoire dans les kibboutz est un travail de bénédictin. Les kibboutziks sont les moines-soldats de l'agriculture et de l'élevage. Ils se lèvent à l'aube et n'arrêtent de travailler qu'à la nuit tombée. Je donnais ma part : cueillette des agrumes, pêche à la carpe dans les piscicultures, tonte des moutons. Travailler dur n'empêchait pas de rire. La réputation de convivialité dans les kibboutz n'était pas usurpée. Il y régnait une ambiance formidable, et je m'entendais particulièrement bien avec ma famille d'accueil, Israël Avidor et sa femme, avec lesquels j'ai conservé de forts liens d'amitié. C'est par l'intermédiaire d'Israël Avidor, très engagé politiquement en faveur du parti travailliste, que mon père a établi ses premiers contacts avec Shimon Pérès qui lui rendait visite chaque fois qu'il venait à Paris.

Dans ce kibboutz on côtoyait davantage de laïcs que de religieux, et personne ne s'interdisait une tranche de saucisson et un coup de rouge — d'autant que le mien était d'origine franco-anglaise, plus « colombe » que « faucon ». L'équipe de ce kibboutz s'était formée à l'époque du fameux *Exodus*, dès la fin de la Seconde Guerre mondiale. Deux groupes séparés venant d'Europe, l'un francophone, l'autre anglophone, s'étaient échoués sans papiers sur les plages d'Israël pour immigrer clandestinement, contre la volonté des Britanniques. Refoulés dans des camps à Chypre, ils avaient uni leurs efforts pour créer un kibboutz qui leur ressemblait. J'y suis resté cinq mois, soit un grain de sable dans le Sinaï.

Le Sinaï me fascinait, et je l'ai rejoint après cet intermède de labeur communautaire. Je me suis rendu à Eilat où je me suis fait embaucher sur un chantier au noir, n'ayant pas de permis de travail, et surtout plus un sou en poche. Eilat n'était pas encore une station balnéaire à la mode, mais un repaire de truands. La nuit, je dormais sur la plage, armé de quelques pierres, prêt pour l'Intifada en cas d'agression, chose assez courante à cet endroit. Je faisais de temps en temps des incursions dans le désert, « la Montagne de Dieu » le long de la mer Rouge, où les nomades nous proposaient du kif. Eilat était alors une plaque tournante du trafic de hasch. Il m'est d'ailleurs arrivé d'avaler un joint entier lors d'une descente de flics dans une boîte de nuit à Tel-Aviv, ce qui m'a définitivement guéri de l'herbe. J'ai poussé mes explorations en bus jusqu'à la pointe sud du Sinaï, Charm el-Cheikh, occupée à l'époque par les Israéliens. La piste était longue et chaotique, mais que cette région est belle et sauvage ! Désert de roches et de sable tombant directement dans la mer, face à l'Arabie Saoudite. Je n'aimais rien tant que sa lumière, ses aubes ocres et brumeuses, et ses crépuscules flamboyants qui habillaient les côtes rocailleuses d'une étrange lumière. Hélas, la beauté ne rend pas les hommes meilleurs. La région était un champ de mines fort heureusement balisées, où se pratiquaient tous les trafics.

En revenant en stop à Tel-Aviv et en passant par le Néguev, je fis une rapide escale à Hébron pour déjeuner dans un petit café du centre-ville. Dans l'après-midi une bombe y explosait, faisant plusieurs victimes. L'Histoire se rapprochait.

Je fis une dernière incursion dans un moshav sur la

frontière libanaise. Le moshav est la version capitaliste du kibboutz. La période des récoltes étant finie, nous disposions de temps et j'en profitai pour visiter à pied les villages libanais frontaliers, où l'on pouvait encore circuler sans problème.

Je terminai mon périple par Jérusalem. La ville sainte ne peut laisser indifférent par l'entrelacs de ses trois religions, sa beauté formelle et son histoire. Bien que grouillante de vie, son mysticisme est palpable dans l'air. Le souk sombre et frais, le mur des Lamentations habité par la prière, l'esplanade de la mosquée Al Aqsa, les nouveaux quartiers sur les collines construits en pierre blanche, et surtout cette extraordinaire lumière... en font un lieu unique. De chair, de sang, de cris, de rires, féroce et doux. Capitale biblique dont on suit encore le tracé de l'Histoire inscrit sur ses pierres, à travers le dédale des rues étroites de la vieille ville. La première fois, j'y suis arrivé en taxi collectif, par l'ancienne route de Tel-Aviv qui serpente au cœur d'un relief boisé. Soudain la ville nous est apparue en contrebas, tel un mirage, enchâssée dans ses remparts. C'est un choc d'apercevoir enfin cette ville fortifiée ceinte par ses collines. Ville sainte, ville éternelle, ville passionnelle. Ce sont quatre mille ans d'histoire qu'elle charrie avec elle, et qui surgissent sous nos yeux.

Juin 1970, retour en France où je dois accomplir mon service militaire. Je choisis la coopération pour m'expatrier une fois encore. Et trois mois plus tard, je me retrouve à Alger pour y enseigner l'histoire, mais sans affectation. Pour l'enseigner il faut parler arabe. Que faire, maintenant que j'étais là ?

« Quel autre diplôme avez-vous ? me demanda le fonctionnaire algérien chargé des affectations.

— Rien. Sinon mon bac.

— Quel bac ?

— Math élém.

— Ça tombe bien, les enseignants de math manquent cruellement et l'enseignement se fait en français. » Ravi de sa trouvaille, le fonctionnaire me donna même la possibilité de choisir mon lieu d'affectation. Pour moi c'était n'importe où, sauf Alger. Nous étions en pleine période Boumediene, et cette ville qui ployait sous une administration kafkaïenne était un cauchemar.

Alors que j'étais en train d'hésiter, un coopérant français passa dans le bureau. Je lui demandai où il avait été nommé. « A El Oued. » Je regardai la carte collée au mur derrière M. Affectation : « Cherche pas, c'est pas sur la carte, c'est dans le Sud. » Le Sud ? formidable :

« T'as une voiture ? lui ai-je alors demandé.

— Oui.

— Attends-moi, je signe et je pars avec toi. »

Le jour même j'ai plié bagage avec le coopérant et sa femme à la découverte d'une oasis sublime de cinquante mille âmes surnommée « la ville aux mille coupoles ». J'y suis resté deux ans, enseignant les math et les sciences naturelles à cent vingt élèves de cinquième, divisés en trois classes mixtes. Les habitants du Souf, dont El Oued est la capitale, étaient très religieux, même si on ne parlait pas encore d'intégrisme. Je fus suspecté d'enseigner la pornographie à mes élèves parce que la reproduction des mollusques était inscrite au programme. Un enseignant algérien m'affirma que les Américains ne s'étaient jamais posés sur la lune parce que ce n'était pas écrit dans le Coran...

Je fis connaissance de ma future épouse, Elisabeth, pendant l'été. Elle accompagnait mon frère et mon cousin Laurent venus passer leurs vacances avec moi. Ensemble nous fîmes le tour des oasis algériennes, Ghardaïa, El Goléa, Adrar, Colomb-Béchar en passant pas Hassi-Messaoud, calés dans mon Austin mini jaune que je ne retrouvais jamais dans le désert. Elisabeth, malgré son petit gabarit, était toujours devant, et les deux garçons, galants mais grincheux, tassés à l'arrière. L'Austin, bien que surchargée, faisait merveille, même sur la piste... Avec Elisabeth, mais sans la mini, ni les grincheux, je passai un mois à Djanet, au nord du désert du Ténéré, et à la lisière des frontières du Niger et de la Libye. Nous habitions chez le médecin coopérant, Pierre Vimont-Vicary, et sa femme. Il était le seul médecin pour un territoire presque aussi grand que la France. Il lui arrivait de partir plusieurs jours durant afin de tenter d'atteindre un campement, pour une rage de dent ou un accouchement difficile. Les patients devaient attendre... Durant la journée, la température montait jusqu'à 49° à l'ombre (et il n'y avait pas d'ombre) pour descendre la nuit à 47°. Nous étions en plein mois d'août. Malgré la chaleur, nous avons suivi les traces de Conrad Killian, dernier grand découvreur et aventurier français du désert, devenu chef touareg au cours de la première moitié du XXe siècle ; puis nous avons bifurqué par le tassili Nadjer pour admirer les envoûtantes peintures rupestres découvertes par Loth. Souvenir impérissable de ces montagnes noires perdues dans un océan de sable.

La villa où je logeais à El Oued avec un autre prof ouvrait directement sur le désert du grand Erg oriental, immensité sans fin de dunes, en direction du sud de la Libye, qui meurent sur la mer Rouge. A chaque tempête de sable, il menaçait de nous enfouir, et nous devions nous désensabler. C'est dans cet endroit magique et hors du temps que j'ai attrapé le virus de la « saharite aiguë » qui ne me quittera plus. J'aime ces paysages durs, tourmentés, arides et habillés par la lumière, où l'œil porte loin dans un champ imaginaire.

Pendant mon séjour en Algérie, ma grand-mère mourut. Je rentrai en France pour assister à ses obsèques. C'était une perte terrible pour moi, l'adieu désespéré à l'enfance, ce coin tendre et douillet où il m'arrivait de me réfugier. Un mois plus tard, de retour en Algérie, je recevais sa dernière lettre. Elle l'avait écrite quelques jours avant de mourir, ignorant que ses jours étaient comptés. La vie, l'amour palpitaient encore dans ses mots. C'était une expérience troublante et déchirante à la fois.

A Noël 1970, je rejoignis ma tante Christine à Alger qui produisait le film *Les Aveux les plus doux* d'Edouard Molinaro, avec Roger Hanin. Grâce à elle, je fis connaissance de Lakhdar Hamina, futur lauréat de la Palme d'or au Festival de Cannes, qui coproduisait le film, et de Chérif Belkassem, surnommé « Djamel », ministre d'Etat sans portefeuille de Boumediene. Il fut le plus jeune colonel du FLN dans la région d'Oran. Homme de grand talent, tolérant, cultivé et avec un sens de l'humour dévastateur, il m'avait dit un jour, désabusé après un Conseil des ministres qui s'était mal passé : « Tu sais, ici en Algérie, les ministres sont nommés par accident et maintenus par oubli. »

Je quittai l'Algérie sur ce clap de fin.

Beaucoup plus tard à Paris en 1997, alors que les intégristes du GIA assassinaient sauvagement leurs frères algériens, je lui demandai s'il ne se sentait pas menacé dans son pays, il me répondit : « Si un jour tu apprends que j'ai été assassiné, ne crois pas automatiquement que ce sera par des intégristes... »

4

LA DANSE DU VENTILATEUR

Lors du sommet France-Afrique de 1986, dans la salle de réception de l'hôtel du 2-Février à Lomé au Togo, tout le gratin de la diplomatie franco-africaine ripaille, y compris la Rolls de la diplomatie française, François Bujon de l'Etang, surnommé au Quai d'Orsay : Goujon de la Flaque. Nos politiques sont au complet, avec mélange des genres, première cohabitation oblige. Mitterrand, Chirac, Aurillac, Raymond, Foccart... font face aux présidents africains. L'heure des festivités arrive. Les danseuses accourent et nous offrent l'incontournable danse du ventilateur qui fait monter la température d'un cran. Les jeunes femmes ont une façon particulière de faire tourner leur arrière-train comme s'il était monté sur hoola-hop. Décontenancés, nos grands hommes restent vissés sur leur siège, quand je surprends le regard complice que me jette Foccart. Je lui souris. Pour le coup, cette danse du ventilateur me parut rafraîchissante.

Mais revenons quelques années en arrière. Mon premier séjour en Afrique noire remonte à 1972. Après l'Algérie, je cherche du travail, et j'ai envie de faire du journalisme. Une façon pour moi d'allier mon goût de l'histoire à celui du voyage. Mon père me propose de l'accompagner avec Roland Dumas en Guinée-Conakry, chez son *ami*, Sekou Touré. Ce dernier avait rompu ses relations avec la France en 1965 quelques années après l'indépendance, et il menait d'une main de fer son pays sous la tutelle des Soviétiques. Mon père et Roland Dumas avaient été invités à se rendre en Guinée en tant que premiers représentants des instances du PS et amis, pour les cérémonies du second anniversaire de l'échec de la tentative de renversement du dictateur. Plus tard, en 1976, le PS devint pourtant pour Sekou Touré le « Parti de la Souillure ». Les relations s'étaient refroidies lorsqu'un Franco-Guinéen vivant en France, et opposant au régime de Conakry, avait pris la parole lors d'un Congrès du PS. Beaucoup de Guinéens avaient fui en France au moment de la décolonisation. Sekou Touré les assimilait à des terroristes en puissance et suspectait la France de les manipuler contre lui.

Mon père et Roland Dumas s'étaient rendus en Guinée-Conakry dans l'espoir d'y faire libérer quatre Français, dont trois enseignants, emprisonnés à Conakry, la capitale, dans le tristement célèbre « camp Boiro ». Ils étaient accusés d'avoir comploté contre le régime lors de la tentative de coup d'Etat quelques années plus tôt. Ils appartenaient, selon Sekou Touré, à la « cinquième colonne », la colonne des traîtres de l'intérieur, complices des envahisseurs. Comme beaucoup de dictateurs, Sekou Touré était devenu paranoïaque et voyait des complots et des ennemis partout. Il n'avait pas tort. Tyran marxiste, il avait mis le pays à genoux, et certains, on les comprend, aspiraient à se relever. L'ironie de cette histoire est que nos enseignants, un couple et une jeune femme, étaient des volontaires ralliés à l'idéologie « révolutionnaire » venus en Guinée servir le peuple frère. Mon père réussit à arracher à Sekou Touré leur libération. Etaient-ils contents ? La jeune enseignante m'avoua qu'elle était d'extrême gauche et que chaque révolution commettait des erreurs : « Je fais partie de ces erreurs », commenta-t-elle, laconique. Elle ne regrettait rien, du moment que la révolution continuait. Elle me faisait cette confidence sur la terrasse de l'hôtel où nous étions tous installés en attendant notre départ pour la France. Nous étions face à une mer d'huile, respirant le calme et la sérénité d'un lieu béni des dieux, sans la folie des hommes. Quelle force de caractère et quel degré d'abnégation il y avait dans ce petit bout de femme qui venait de vivre des mois d'enfer, sans regret et sans reproche ! On m'a rapporté plus tard qu'elle avait demandé à retourner en Guinée, après s'être reposée dans sa famille. Ce genre de personnage excédait mon père et le fascinait à la fois. Quant à moi, il m'était tellement étranger que je n'étais plus apte à en juger.

La situation était plus délicate pour un exploitant bananier déjà « jugé » et condamné à mort. Mon père décida avec Dumas de rapatrier avec eux, au plus vite, les prisonniers libérés, avant le retour du redouté frère de Sekou Touré, Ismaël, une sorte de Saint-Just de la cause, et me laissa le soin de négocier la libération du condamné à mort.

De la villa mise à notre disposition, voisine de celle de la chanteuse sud-africaine Myriam Makeba qui vivait en exil en Guinée, j'appelai Sekou Touré qui m'accueillit avec un : « Prêt pour la révolution ? » qui me laissa sans voix. Je devinai qu'il s'amusait de mon embarras. Je lui demandai une audience. Il me donna rendez-vous le jour même. Quand j'arrivai au palais, je pus assister à la fin du Conseil des ministres, assis au coin de la grande table, aux côtés du maître des lieux. « Qu'est-ce que tu veux ? m'apostropha le Président. — Je voudrais vous parler d'Untel », répondis-je. Il se tourna vers son ministre de la Justice qui lui confirma qu'Untel était condamné à mort. Palabres... Je lui sortis le grand jeu, l'opinion internationale, les Droits de l'homme, qu'Untel était originaire du Morvan, terre d'élection de mon père, etc. Mais il refusa de prendre une décision et m'invita à déjeuner. C'était un tête-à-tête doux-amer, empreint de rancune et de nostalgie vis-à-vis de la France. Il me raconta son histoire, ses rapports douloureux avec de Gaulle et son ressentiment vis-à-vis de Foccart. Il n'avait pas coupé le cordon.

Je repartis le soir sans mon prisonnier qui fut libéré quelques mois plus tard, par amitié pour mon père. Amitié mêlée d'un peu de la crainte du regard de la France.

Ce premier séjour en Afrique noire avait été pour moi riche d'enseignements. Je pénétrais de plain-pied dans cet univers pétri de contradictions, d'espoir, mais aussi d'amours déçues avec la France. En Guinée, c'était l'ère post-coloniale et stalinienne. Nous avions assisté dès notre arrivée à un long discours de six heures d'affilée à la Castro, dans un stade qui contenait trente mille personnes, discours entrecoupé par un questionnement rituel adressé à la foule : « Le colonialisme ?... — A bas ! répondait la foule. — Le néo-colonialisme ?... — A bas ! reprenait-elle, dressée. — Prêts pour la révolution ?... — Prêts ! » hurlait-elle, le poing levé.

Las ! le représentant soviétique avait aussi son mot à dire et fit son discours en russe avec traducteur. Et ce n'était pas un tribun, le représentant soviétique, on n'en voyait pas le bout... langue de bois et chaleur étouffante, un vrai calvaire. Tout d'un coup, pour clore ces épuisantes incantations, Sekou Touré se retourna vers mon père et lui dit : « A toi, François ! » C'était la surprise du chef, il fallait improviser. Il se leva et démarra sa courte intervention par : « Je suis heureux de m'exprimer dans votre langue... » Il avait tout dit. Ovation du peuple debout. Sekou Touré avait conservé l'enseignement obligatoire du français à l'école ! Le cordon ombilical.

Nous revînmes au palais dans la voiture du Président, une longue limousine blanche décapotable qu'il conduisait lui-même tout de blanc vêtu. J'étais à ses côtés. Mon père et Dumas à l'arrière. Pendant tout le trajet, il a salué une foule en liesse (et armée) avec son petit mouchoir blanc. C'était extravagant. Il m'a alors glissé avec un air de connivence : « Tu es l'avenir de la révolution. » Bien sûr.

Sekou Touré, tribun hors pair, avait le don de prendre ses interlocuteurs à contre-pied avec une rhétorique toute personnelle.

Au cours d'un meeting à Kankan (centre du pays), lors du même voyage, il avait commencé son discours devant une foule de plusieurs dizaines de milliers de personnes et un parterre d'invités de tout bord allant des Américains aux Soviétiques en passant par les Français, les Britanniques, les Chinois, etc. : « A l'extérieur on dit que je suis un dictateur [silence] ... c'est vrai ! je suis un dictateur [silence et murmures parmi les invités] ... Mais pourquoi suis-je un dictateur ? [long silence, il sait manier les effets !] Pour une meilleure liberté intérieure, pour une décolonisation dans l'honneur, pour défendre le peuple, pour l'égalité des femmes... » (et j'en oublie) ; et nous étions repartis pour six heures de discours...

Quelques années plus tard, lorsque j'étais aux Affaires africaines, je me suis rendu en Guinée pour inviter Sekou Touré au Sommet franco-africain de Vittel de 1983. Je me suis retrouvé dans la même voiture, mais cette fois-ci à l'arrière, et toujours à ses côtés. Il me dit : « On a des choses importantes à se dire. » Il retient son souffle et, avec des accents de sincérité : « La période soviétique a été une grave erreur. Nous aurions dû rester plus proches de la France. » En 1982, lors de sa première visite officielle à Paris depuis l'indépendance en 1958, il avait voulu aller saluer Gaston Defferre à Marseille. Defferre avait été l'auteur de la loi-cadre de 1956 qui avait permis aux pays d'Afrique noire d'accéder à l'indépendance sans heurts. Dans l'avion qui nous ramenait à Paris, il avait contemplé la vallée du Rhône par le hublot de l'avion avec une certaine émotion. Les autoroutes, les voies ferrées, le développement de l'habitat et des infrastructures... Il en avait gardé un souvenir qui remontait aux années 50 : « Quel développement ! » avait-il chuchoté, presque pour lui. Il s'était repris immédiatement, tourné vers moi et m'avait lancé :

« Alors, Christophe, de quoi allons-nous parler ce matin ? Je te propose : marxisme et religion !

— Ah non ! Monsieur le Président, pas au petit déjeuner ! » Je n'ai jamais vraiment su s'il plaisantait, mais il m'avait déjà offert des kilos de livres qu'il avait écrits sur tous les aspects de la révolution guinéenne. Et il pensait que je les avais tous lus !

Après ma première incursion en Guinée, je partis en stage à l'Agence France-Presse de Londres. L'été suivant, je fis mon premier remplacement au siège, à Paris, où je fus intégré l'année suivante, en 1973. Deux ans plus tard, je retrouvai enfin l'Afrique. Je fus nommé au bureau de Nouakchott, la capitale mauritanienne, et accessoirement l'endroit le plus moche du monde dans un très beau pays. Avant de m'envoyer là-bas, Jean Marin, P-DG de l'AFP, m'avait dit du haut de son mètre quatre-vingt-dix : « Vous verrez, là-bas vous avez une villa (de fonction) avec un jardin planté de coquillages. » C'était une phrase carte postale. C'est fou ce que le mot « coquillage » évoque pour le continental lambda. Il l'associe au lagon, aux palmiers et aux vahinés. Bref, au paradis sur terre. La réalité était tout autre. Des coquillages, oui. Un désert de coquillages. C'était le bout du monde. En décembre 1975, le début de la guerre du Sahara occidental le mettra au centre de l'actualité. Une actualité qui occupera 80 % de mon temps. Nouakchott a été attaquée par deux fois. Le jardin de l'AFP a même reçu une charge de mortier. Ma villa était le lieu de passage de toute l'opposition clandestine gauchisante, de représentants secrets du Front Polisario, de membres du parti unique (le PPM[1]), et même de ministres. Parfois on se serait cru dans une pièce de Feydeau. Allées et venues, portes qui claquent, intrigues secrètes. J'ai même déjeuné, dans une ambassade étrangère, à Nouakchott, avec le leader du Front Polisario en guerre avec la Mauritanie, Mohamed Ould Loueli. Ce dernier trouvera la mort quelques mois plus tard dans l'attaque de la capitale mauritanienne. Toute proportion gardée, c'est un peu comme si j'avais déjeuné avec Hitler en 1942 à Londres, à l'ambassade d'Italie.

Que faisait-il à Nouakchott ? La Mauritanie en guerre contre le Polisario, alliée du Maroc, gardait des contacts avec le Mouvement pour l'indépendance du Sahara. Loueli, qui avait fait ses études dans la capitale mauritanienne, avait une grande influence sur la jeunesse contestataire du pays, et le thème de la lutte pour l'indépendance du Sahara occidental (ancienne colonie espagnole) avait ses partisans dans le pays. A l'époque, qui était le véritable ennemi de la Mauritanie ? Le Maroc, l'Algérie ou le Polisario ? Moktar Ould Daddah, alors que son pays venait de changer d'alliance, passant de l'Algérie au Maroc, avait répondu à mes interrogations : « Nous sommes le pays le plus faible dans ce conflit. Il nous faut naviguer à vue, et le seul choix que nous ayons, c'est entre la peste et le choléra. »

Curieusement, alors que le pays était gouverné par un parti unique, sans journaux, à l'exception d'un bulletin gouvernemental *Chaab* (« le peuple »), et la radio d'Etat, j'ai pu y travailler sans trop de contrainte. Il s'était installé une sorte de modus vivendi avec les autorités, et principalement le président Moktar Ould Daddah : « Sois dans le vrai, même s'il ne nous fait pas toujours plaisir. Nous ne te pardonnerons pas une seule erreur ! » Il faisait allusion aux comptes rendus de la

1. Parti du Peuple Mauritanien.

guerre qu'il menait, et à la « propagande » du Front Polisario et de ses alliés algériens. Je devais vérifier mes informations plutôt deux fois qu'une. Lors de la première attaque de Nouakchott en 1976, j'ai été suspecté par des proches du pouvoir d'avoir aidé le Front Polisario ! Mes dépêches étaient reprises par Radio France Internationale, ce qui permettait aux assaillants de régler leur tir... Là s'arrêtait ma zone d'influence. Mais c'était vraiment du travail en direct ! Des proches du président ont voulu me faire expulser, mais, par bonheur, Moktar Ould Daddah s'y opposa toujours.

Mon père avait profité d'un déplacement à Dakar lors d'une réunion des partis socialistes pour passer me voir quelques jours à Nouakchott, accompagné de Lionel Jospin. Périple difficile, car la capitale de ce pays ne possédait pas encore d'aéroport international. C'était la première fois qu'il se rendait en Mauritanie et qu'il y rencontrait son président. Je le raccompagnai par la route jusqu'à Dakar, en passant par Saint-Louis. Il fallait plus de dix heures de route avec le bac, pour traverser le fleuve. Il se rendit compte à quel point ce pays en guerre, dont l'économie était au point mort, traversait une période difficile.

A cette époque j'avais réalisé un joli coup journalistique. Une interview, à Nouakchott, de Kim Il-sung, « grand leader bien-aimé et respecté de 40 millions de Coréens », comme son titre l'indiquait, et au demeurant président de Corée du Nord. Il effectuait une visite officielle en Mauritanie et demeurait inaccessible aux journalistes. Peu de temps avant son arrivée, j'avais demandé au président mauritanien d'intercéder auprès de lui pour qu'il m'accorde un entretien. Kim Il-sung acceptait si on lui fournissait d'avance les questions. Je ne savais pas grand-chose de la Corée du Nord et je me cantonnais dans les généralités. Au cours de l'entretien, *le grand leader bien-aimé* faisait sans cesse référence à son « discours de Pékin » qui devait être parole d'évangile à Pyongyang, mais dont les échos n'étaient pas arrivés à Nouakchott. Heureusement, devant mon air dubitatif, il développa ce « concept », et tout devint clair. Au passage, les Soviétiques et les Américains étaient jetés dans la poubelle de l'histoire, tandis que la révolution culturelle fleurissait sous les pas de Mao et Kim Il-sung avec le bonheur que l'on sait. Mon papier fut repris partout dans le monde. Mais l'ambassade de Corée du Nord réagit très vivement et exigea que je publie « leur » traduction de l'entretien. Soit trente feuillets tapés serré, dans un charabia incompréhensible, qui faisaient l'apologie du communisme comme le « Roi Ubu ». Je ne cédai pas, mais pendant quelques jours je subis des pressions et des menaces d'expulsion répétées. Quelques mois plus tard, je retrouvai ce salmigondis coco sous forme de publi-reportage dans des grands journaux comme *Le Figaro* ou le *New York Times*. La propagande, ça se monnaye.

J'assurais aussi les intérims du correspondant de Dakar qui couvrait six pays : Guinée-Bissau, les îles du Cap-Vert, la Guinée-Conakry, le Mali, la Gambie et, bien sûr, le Sénégal.

Je me suis attaché à ce pays, comme je me suis attaché à l'Afrique. Je m'y suis fait de nombreux amis qui me sont restés fidèles malgré les tempêtes. Et ce n'est pas un hasard si, vingt ans plus tard, j'ai décidé de m'installer à Nouakchott. Selon moi, la Mauritanie n'est pas, comme se plaisent à le raconter certains spécialistes, un trait d'union entre l'Afrique « blanche » et l'Afrique « noire », car elle n'est ni l'une ni l'autre. C'est ce qui en fait sa spécificité et son attrait. Elle n'est de nulle part.

La capitale mauritanienne a beaucoup changé en vingt-cinq ans. Elle s'est développée de manière anarchique et accueille aujourd'hui plus d'un demi-million d'habitants. Les autorités ont du mal à viabiliser les quartiers qui se construisent sauvagement, en dehors de tout contrôle. L'aéroport qui, dans le temps, était en bordure de la ville se retrouve en plein milieu ! Elle a cependant gardé l'âme des gens du désert qui vivent avec le soleil. On n'y trouve ni cinémas, ni théâtres, très peu de restaurants, et encore moins de night-clubs. A Nouakchott, on ne s'étourdit pas de bruit et de lumière la nuit, comme dans les villes européennes. On y trouve ce qu'on y apporte soi-même, c'est la raison pour laquelle ceux qui ont réussi à s'y adapter reviennent toujours.

Mon contrat s'achevait en août 1977. Je rentrai en France pour être attaché au Desk Afrique à l'AFP, place de la Bourse, à Paris. Je ne pensais qu'à repartir. Sortir de l'hexagone. En 1979, je fus nommé directeur du bureau de Lomé au Togo, avec pour mission de couvrir également le Ghana et le Bénin. C'est une tout autre Afrique que je découvrais. J'avais quitté les grands espaces sahariens, les chaleurs sèches et les nomades pour une Afrique plus forestière, moins musulmane, plus agitée, et aux rapports humains plus complexes. Mais, petit à petit, je m'y installai, je pris langue avec les locaux.

Les soubresauts politiques du Ghana m'occupaient beaucoup. Trois régimes se succédèrent durant les quatre premiers mois de mon arrivée. Le capitaine J.J. Rawlings renversa la dictature militaire qui régnait sur ce pays depuis des années avant d'organiser des élections et de remettre, trois mois plus tard, le pouvoir aux civils élus. Il reprendra d'ailleurs le pouvoir par un coup d'Etat contre ces mêmes civils en décembre 1981 et le gardera jusqu'à décembre 2000, la Constitution ne lui permettant plus de se représenter. Son candidat sera battu par le leader de l'opposition.

Il était très difficile à l'époque pour un journaliste

étranger de travailler en Afrique, et particulièrement au Togo où la presse était verrouillée. On était carrément fliqués. J'entretenais d'assez bonnes relations avec notre « Œil de Moscou », le président Gnassingbé Eyadema, dont le ministre de l'Intérieur était responsable de l'Information. J'arrivais à négocier des espaces libres de travail, mais combien de fois ai-je dû aller au ministère ou à la présidence pour arrondir les angles à propos d'un papier, souvent insignifiant, qui n'avait pas eu l'heur de plaire au fonctionnaire de service. Presse cadenassée, parti unique, tout opposant au régime ou supposé l'être finissait en prison. Dans le meilleur des cas.

Lors d'une vague d'arrestations dans le pays en 1979, Amnesty International dénonça les exactions du gouvernement et le mauvais traitement de ses prisonniers. L'AFP Paris s'en fit l'écho. Aussitôt, Eyadema me convoqua. Il m'accusa, avec son ministre de l'Information, de vouloir déstabiliser le pays. C'était la première attaque réellement violente que je subissais, et en présence même du chef de l'Etat. Je lui demandai l'autorisation d'aller voir les prisonniers pour me faire ma propre idée. Il accepta à condition que je sois flanqué d'un garde-chiourme. Je fis un papier mi-figue, mi-raisin, factuel ; je craignais qu'il puisse être utilisé contre les prisonniers. J'avais donc demandé par téléphone, au rédacteur en chef, de ne pas réécrire mon papier si par malheur il le trouvait trop long ou pas assez incisif, chaque mot en ayant été pesé.

Ce n'était donc pas une sinécure pour un journaliste d'obtenir des informations fiables et de recueillir des témoignages spontanés. Et il valait mieux ne pas passer pour un contradicteur féroce. Mais c'est le Bénin de l'époque qui décrochait le pompon de l'info zéro. Le pays était écrasé sous les semelles de plomb d'un régime marxiste à la soviétique. Pour tenter de survivre à sa momification, il développait une sorte d'économie parallèle qui lui valut le surnom de « laxisme-béninisme ». Le Bénin sera cependant l'un des premiers pays africains après de très fortes pressions politiques et économiques, et moyennant des aides financières de la France, à mettre en place des élections libres qui le mèneront à l'alternance sans accroc. Mathieu Kerekou, leader marxiste au pouvoir depuis plus de vingt ans, se fit battre par Nicéphore Soglo, brillant financier issu des grandes écoles américaines [1]. Sa plus grande victoire fut d'accepter sa défaite, fait nouveau sur ce continent. Aux élections suivantes, Kerekou, surnommé le « caméléon », converti entre-temps au libéralisme et au catholicisme, reprenait le pouvoir. La prospérité du Bénin ne s'en trouvera guère améliorée. Car la démocratie est la fille naturelle de la prospérité, et non l'inverse.

Lors des « élections » de 1979, la radio nationale, la seule évidemment, avait annoncé un résultat proche des 100 %. J'avais raté le flash d'information. Je me rendis à la radio, gardée par les militaires, où l'on refusa de me donner les chiffres pourtant cités sur les ondes quelques minutes plus tôt : « Secret d'Etat. » Je n'ignorais cependant pas que les résultats d'élections frôlaient toujours les 100 %. Il n'y avait qu'un seul candidat par siège, et celui-ci était désigné par le parti unique. On n'avait pas besoin de RG, ni de sondages pour deviner qui serait le vainqueur. Bizarrement, les électeurs comme les observateurs étrangers jouaient le jeu et attendaient impatiemment les scores présidentiels, comme s'il y avait du suspense.

La notion « un électeur, un vote » n'était pas très populaire en Afrique où l'idée d'individu ne relève pas du sens commun, sauf pour certaines élites. Le sentiment de groupe (tribu ou ethnie) est très ancré dans les mentalités, et le système de parti unique n'était pas fait

1. Il fut directeur pendant sept ans de la Banque mondiale pour l'Afrique.

pour développer l'esprit d'indépendance intellectuelle ou sociale qui prévaut dans les vieilles démocraties. Les défenseurs de ce système affirmaient qu'il était nécessaire de renforcer la notion d'Etat dans des pays aux frontières artificielles tracées par les puissances coloniales et qui avaient obligé à vivre ensemble des populations qui n'avaient pas grand-chose en commun. Ils avaient peut-être raison, mais cela n'autorisait pas pour autant tous les dérapages.

A l'occasion d'élections en 1976, dans la partie occupée du Sahara occidental, le gouvernement mauritanien avait organisé un voyage de presse international dans le bureau de vote d'une petite bourgade, Aussert, enchâssée dans un cirque de montagnes noires et menacée par le Polisario. J'étais le seul journaliste étranger présent. Lorsque nous sommes arrivés devant les urnes vers midi, 100 % des électeurs avaient déjà voté ! Pour faire une photo, un journaliste mauritanien demanda à une femme qui avait déjà accompli son devoir de citoyenne de refaire le geste du votant. Elle se prêta au simulacre, prit un bulletin, se dirigea vers le président du bureau et ses assesseurs, et revota avec le plus grand sérieux en glissant son bulletin dans l'urne. Elle avait voté deux fois ! Tout le monde était content, surtout le photographe... Et le candidat du parti unique n'avait pas de souci à se faire.

Mis à part le Sénégal où une presse indépendante existait déjà, il était ardu de travailler dans les pays francophones, marxistes ou non, et de nombreux correspondants en étaient régulièrement expulsés. Les pays anglophones, comme le Ghana ou le Nigeria, avaient hérité d'une tradition anglo-saxonne où la parole était plus libre et la presse indépendante plus difficile à museler, même sous des dictatures. A Lagos par exemple, où les dictatures militaires ont toujours fleuri comme les roses au printemps, existaient au moins une quinzaine de quotidiens, souvent de bonne facture, qui appartenaient pour la plupart à des groupes de presse indépendants qui n'avaient pas besoin de subventions de l'Etat pour vivre. La vente au numéro aussi bien que la publicité suffisait à leur garantir leur liberté de parole.

Mon contrat s'acheva début 1981. Le temps pour moi de partir en campagne à la Réunion pour mon père qui se présentait aux présidentielles face à Valéry Giscard d'Estaing.

Né à droite, il s'était fait à gauche. Je préférais le père au politicien, mais je respectais le politicien. La politique selon lui était simple. Elle se construisait autour d'un seul grand axe qui était d'amener le peuple aux idées qu'il défendait, et non l'inverse.

J'ai toujours défendu mon père, avant de défendre ses idées. Sympathisant de mon père, plutôt que sympathisant du parti, telle fut ma ligne de conduite en politique. J'ai d'ailleurs souvent été en délicatesse avec les dirigeants locaux du PS qui avaient du mal à sortir de leurs petites luttes locales internes. On se serait cru à « Clochemerle ». Mon père a suscité nombre d'amitiés indéfectibles dans des camps qui n'étaient parfois pas les siens. Il savait séduire, charmer et être fidèle à sa façon. Quant à moi, il suffisait qu'il soit mon père pour que j'accepte de monter au front comme un grognard quand il me le demandait. Ainsi l'ai-je représenté à quatre reprises sur l'île de la Réunion pour les campagnes législatives et présidentielles de 1974, 78, 81 et 88.

En 1974, mon père pensait que si on arrivait à faire 25 % ce serait le bout du monde. La Réunion c'était « à droite toute ! », avec un Michel Debré indéboulonnable. A l'époque, les DOM-TOM avaient été relégués au chapitre des *terres étrangères* dans le « programme commun ». Et moi j'avais à le vendre, ce « programme commun ». Je m'étais lié d'amitié avec le leader communiste, tendance indépendantiste, Paul Vergès, qui était un personnage politiquement incontournable sur l'île, et que je présenterai quelque temps plus tard à mon père. La situation économique de la Réunion était dramatique. Le ras-le-bol joua en notre faveur. Nous obtînmes la majorité absolue avec 50,1 % des voix. Pour la première fois, les communistes avaient admis l'idée que la Réunion faisait partie de la République française. On avançait pour mieux reculer en 1978 aux législatives. L'essor économique de l'île était au point mort. La droite repassa.

En 1981 la Réunion revota à droite, alors que mon père était élu au niveau national. Quelques socialistes et les communistes du cru me proposèrent de me présenter dans la 1re circonscription tenue par Michel Debré. Je refusai. Je préférais rester journaliste. Je n'avais aucune envie d'entrer en politique. J'avais déjà un père président, un frère qui allait devenir député, un beau-père maire et conseiller général dans le Gers, une belle-mère militante pour les Droits de l'homme, ma mère itou, et ma femme, venue de l'extrême gauche, la LCR d'Alain Krivine, militait elle aussi. Elle est d'ailleurs aujourd'hui élue conseillère régionale (PS) à Toulouse et maire de son petit village de Sion. Je pensais qu'il y en avait un dans la famille qui devait garder les pieds sur terre.

En 1988, pour les élections présidentielles, l'île se mit au diapason avec la métropole. Mon père obtint 60 % des voix. Belle victoire, mais nous nous étions battus pied à pied, porte à porte, case à case, « ravine » à « ravine », sans grand soutien des dirigeants PS locaux, toujours freinés par leurs petites querelles internes. La tête dans le sac.

5

CHANGEMENT DE CAP

10 mai 1981. Pour le grand soir, j'étais à Saint-Denis de la Réunion où j'avais fait campagne pour mon père qui venait d'être élu président de la République, de tous les Français. Le clan Mitterrand, soudé dans la défaite, uni dans la victoire, avait fait sien ce plébiscite. J'étais partie prenante de cette victoire, puisque j'avais œuvré pour elle à la Réunion. Je sablais le champagne, j'étais fier, mais cette victoire n'était pas la mienne, c'était celle de mon père. Elle était sa bataille, sa vie, son accomplissement. Je m'imaginais à côté, comme toujours. Je croyais naïvement que cet événement qui ne me concernait que par parenté interposée n'aurait aucun effet sur ma vie privée et professionnelle. Je me trompais lourdement en ne me rendant pas compte que, si j'avais le sentiment de rester moi-même, le regard des autres allait changer, et que j'en recueillerais les fruits amers quelques mois plus tard. Je me croyais à l'ombre de la lumière. Mais la personnalité de mon père donnait un éclat particulier à la qualité de sa fonction auquel il était difficile d'échapper.

Je travaillais toujours à l'AFP, en espérant être muté en poste à l'étranger, et plus précisément en Afrique où j'étais impatient de retourner. Ma situation devint rapidement intenable. Certains médias estimaient que, étant un proche du pouvoir par la filiation, je ne pouvais qu'être tenté de manipuler l'information ou de me l'approprier *manu militari* : « Juste un coup de fil à papa... » Le journaliste Stephen Smith, qui s'est particulièrement attaché à mes faits et gestes depuis ma période élyséenne, témoignait dans *Le Monde* au lendemain de mon incarcération : « Sa vie devenait d'autant plus sardanapalesque après l'élection de son père à la présidence, qu'il avait été de facto interdit d'écrire. On imaginait mal, sur le fil de l'AFP, un éclairage diplomatique rédigé par le fils du président de la République. » Mais de quels « On » parle-t-il, qui se seraient arrogé le droit de présumer de mon honnêteté intellectuelle ? Lui, peut-être, et son confrère Antoine Glaser, directeur d'une *Lettre confidentielle* spécialisée dans la reproduction d'informations peu vérifiées, de rumeurs ou de ragots.

Profiter d'informations privilégiées, c'eût été bien mal connaître mon père qui m'aurait accordé une fin de non-recevoir. C'est d'ailleurs ce qui s'est passé quand je m'y suis risqué. J'avais jusqu'à ce jour fait mon travail comme n'importe quel journaliste, et j'entendais continuer. En vain.

J'étais affecté au service diplomatique, chargé de suivre l'actualité du ministère des Affaires étrangères. Un week-end où j'étais de garde survint une tentative de coup d'Etat avorté en Centrafrique contre le « jeune » pouvoir du général André Kolingba. Ce dernier venait de prendre la place de David Dacko, tombeur de l'empereur Bokassa débarqué avec l'aide des parachutistes français lors de la fameuse opération « Barracuda » organisée dans les derniers mois de la présidence Valéry Giscard d'Estaing. On soupçonnait Ange Félix Patassé, AFP pour les intimes, ancien Premier ministre de Bokassa, d'en être à l'origine avec le soutien de deux généraux centrafricains. Mais l'ex-Bokassa's boy avait raté son coup et « disparu ». Les rumeurs circulaient.

Le téléphone arabe fonctionnait mieux que les lignes de l'Elysée. Un journaliste du même service mais en week-end, et mieux informé que moi, me téléphona pour me dire que, selon ses sources, Patassé avait pu s'être réfugié à l'ambassade de France à Bangui. Pendant vingt-quatre heures, il me fut impossible de confirmer l'info avec assez de certitudes pour la mettre sur les fils. Les services officiels se taisaient. Du ministère des Affaires étrangères jusqu'à l'ambassade de Bangui, c'était un mur de silence. Quant à l'Elysée, rien, bien évidemment. Mais les fuites commençaient à filtrer, et nous pûmes enfin publier « de source bien informée » l'info, avant qu'elle ne soit annoncée officiellement.

A ma grande surprise je m'aperçus très vite que ma signature oblitérait la qualité de l'information, même si ce n'était pas le scoop de l'année. En effet, le surlendemain, *Le Quotidien de Paris* titrait : « L'AFP au service de l'Elysée ». La cause était entendue. Le débat fit boule de neige, au sein de l'AFP en particulier. La rédaction m'autorisa encore à accompagner Guy Penne, conseiller aux Affaires africaines, lors d'une tournée en Centrafrique, Somalie et Madagascar, et le ministre des Affaires étrangères Claude Cheysson, en Ethiopie. Mais le ver était déjà dans le fruit, et j'étais suspecté de complaisance vis-à-vis du pouvoir. Aux ordres de... « On » limita mes déplacements et mon champ d'action, ne m'autorisant plus qu'à rédiger les biographies des ambassadeurs nommés, avec sommation de ne plus y accoler mes initiales comme il est de règle à l'Agence pour pouvoir retrouver l'auteur d'une dépêche et celui qui l'a mise sur les fils.

Je finis ma carrière de journaliste en points de suspension.

Contrairement à ce qui a été raconté, mon père ne m'a jamais fait cadeau d'un travail ou d'une information. Je me souviens des jours qui précédèrent le conflit de la guerre du Golfe. L'ultimatum était passé, nous attendions le moment où les Américains et leurs alliés, dont la France, déclencheraient le conflit. D'un jour, ou d'une heure à l'autre. Un soir je dînais en compagnie de mes parents à l'Elysée. Mon père, d'humeur maussade, se mit à soliloquer sur la nature foncièrement mauvaise de l'homme, les manifestations intempestives de son agressivité, passant sans effort de l'homme civilisé à l'homme de Cro-Magnon. Devant tant de noirceur inhabituelle, je finis par lui demander tout de go : « Tu veux dire que la guerre, c'est pour ce soir ? » Il se tourna vers moi et, d'un ton abrupt : « Ça ne te regarde pas. Ainsi, si on te le demande, tu pourras répondre que tu ne le sais pas. » Quand je rentrai chez moi, j'allumai la télévision, l'opération Tempête du Désert venait de démarrer.

Pourtant, dans ce dossier, j'avais eu à jouer un minuscule rôle. Emissaire discret dans les faits et les ambitions, je m'étais rendu quelques semaines plus tôt en Afrique, pour une ultime tentative de négociation. Il fallait essayer de faire comprendre à l'Irak que l'Occident ne bluffait pas et que la Russie n'avait plus les moyens diplomatiques de s'y opposer. Saddam Hussein ne semblait pas avoir compris que le monde avait changé depuis la chute du mur de Berlin et qu'il ne pouvait plus s'accrocher aux vieilles valeurs de la guerre froide. Grâce à des relais africains, nigérians et palestiniens que nous savions estimés de Bagdad, nous voulions faire passer un message de conciliation à l'Irak. J'étais parti discrètement à Lagos où les premiers contacts devaient s'établir, puis je m'étais installé au Niger pour assurer le relais. J'insiste sur le fait que je n'étais qu'un messager de l'Elysée, son Fedex. Je n'avais aucune décision à prendre. Le contact noué, l'information nous revint positive : le représentant de l'Irak à l'ONU allait faire une déclaration qui annoncerait le départ des troupes de Saddam du Koweit, sans cependant en préciser la date.

Cette déclaration nous semblait aller dans le bon sens. Avions-nous sauvé la paix ? L'Irakien fit son discours devant une assemblée onusienne qui retenait son souffle, et déclara que « le Koweit appart[enait] à l'Irak ». La paix avait vécu. Avions-nous été plus naïfs qu'arrogants ?

L'amertume est un poison. Placardisé à l'AFP, je renâclais. Je m'estimais suffisamment libre d'esprit pour ne pas devenir un journaliste acheté. Mais on me laissait entendre le contraire. J'étais douteux d'avance. Je découvrais que mon nom et mon illustre parenté m'interdisaient certains métiers. Taxé de fils à papa, de profiteur d'un système, ne devant ma réussite professionnelle qu'au piston paternel, la coupe débordait. J'avais la figure du parfait imbécile qui tête la mamelle présidentielle pour exister. Ma personnalité ? Je n'en avais pas. Mon métier ? Usurpé. Condamné avant d'être jugé. Encore faut-il, pour être jugé, avoir commis un délit. Le mien était d'être le fils de mon père. Toute glorieuse fût-elle, cette filiation portait en elle la suspicion. Adolescent j'avais souffert de cette malveillance, adulte j'en payais encore le tribut.

Certains diront que mon frère Gilbert n'a pas pâti de cet ostracisme. Gilbert a suivi le sillage de notre père, revendiquant sa filiation politique mais se faisant aussi discret que possible. Il a cependant gagné tous ses mandats électoraux dans des fiefs tenus depuis des décennies par la droite, réputés imprenables où il avait même commencé par être battu avant de s'implanter. Il est élu et réélu depuis vingt ans, même notre père disparu. Que n'aurait-on pas dit s'il avait hérité de sièges bien confortables, bien ancrés à gauche quoi qu'il arrive, sur intervention du Président. Ce piège-là, mon père et lui ont su l'éviter. Mais malgré cela les clichés ont la vie dure, entretenus par les professionnels de la suspicion et du dénigrement.

Gilbert et mon père, c'est la famille Mitterrand une et indivisible. A l'inverse, j'ai très tôt décidé de me démarquer de cet univers tout entier voué au politique. Je n'ai jamais désiré suivre les traces de mon père, il m'est juste arrivé de l'accompagner. Je ne suis pas le mauvais fils, ni le fils prodigue, juste le fils d'à côté. Et sans doute le moins Mitterrand de tous. Cela en offusquera certains et en rassurera d'autres. On me cherche une carrure, je n'ai que des épaules. Et toute cette suspicion est parfois lourde à porter.

LA CELLULE AFRICAINE

6

TERRAIN GLISSANT

Affairiste, mais aussi fêtard, une femme dans chaque port, et un enfant dans chaque désert, voyant et débraillé. Pour un homme tel que moi, l'Afrique était un gigantesque lupanar à la démesure de mes frasques ! Ainsi allait la rumeur contre laquelle j'ai rapidement renoncé à lutter. Comment lutter lorsque tout ce que vous dites est suspect. Et que vous êtes suspect vous-même !

Mon père me connaissait certainement mieux que je ne me connais moi-même. Il avait le goût du secret, fût-il d'alcôve, du silence, et cultivait une certaine discrétion qu'il appréciait aussi chez autrui. Il ne s'accommodait de l'outrance que si elle était hors normes, et un Bernard Tapie ne pouvait pas lui déplaire. Mais ce qu'il acceptait d'un étranger, il ne l'aurait jamais toléré chez moi. Il n'aurait pas toléré que je le représente, pendant plus de dix ans, avec un nez rouge. En public, j'étais rarement sur la photo, et nous nous vouvoyions. Je l'appelais « Monsieur le Président » et il me présentait comme le conseiller des Affaires africaines. Parfois nous butions sur ce vouvoiement et cette présentation protocolaire. Mais si parfois « mon fils » lui échappait en public devant les chefs d'Etat africains, je ne le gratifiais pas d'un « papa » en retour. Et si les présidents africains me tutoyaient et m'appelaient par mon prénom, je ne me suis jamais autorisé cette familiarité.

Quand je partais en mission, j'empruntais les lignes régulières, sauf en cas d'urgence s'il fallait faire un aller-retour dans la journée, ou s'il n'existait pas de ligne aérienne entre deux capitales africaines, comme entre N'Djamena et Khartoum. Dans ces cas exceptionnels, je volais sur un avion du GLAM après autorisation et ordre de mission. Il m'est arrivé de faire escale dans quatre capitales en trente-six heures aller-retour. Parti de Paris vers minuit, je prenais le petit déjeuner à N'djamena (Tchad), le déjeuner à Bangui (Centrafrique), le dîner à Libreville (Gabon), le souper à Lomé (Togo), et retour sur Paris le lendemain matin à 7 heures, où je rendais compte de ma mission à mon père au petit déjeuner. L'avion se composait de deux équipages pour pouvoir voler en flux tendu, et un ami m'accompagnait. Au moins nous pouvions jouer aux cartes pendant les très longues heures de vol, quand j'abandonnais la lecture de mes dossiers. C'est aussi pendant mes fonctions à l'Elysée que j'ai commencé à prendre du poids.

En tant que conseiller des Affaires africaines, détaché du ministère des Affaires étrangères, je touchais un salaire de 11 000 francs par mois au début de ma mandature, ainsi qu'une prime de remboursement de frais forfaitaire de 1 500 francs, qui fut doublée avec le temps. Etait-elle prélevée sur les fonds secrets à la mode ces derniers temps ? Je n'ai jamais posé la question.

Ces voyages éclairs n'allaient pas sans quelques turbulences. J'ai cru perdre la vie sur un Falcon 900 qui permettait de faire de grands trajets sans escale. Entre Dakar et Lomé, au-dessus de l'Atlantique, nous avons été pris dans la tourmente d'un orage dantesque. Trous d'air, décrochages sur une aile, foudre, grêle, aucun type de dépression ne nous a été épargné pendant près d'une demi-heure. Nous ne pensions pas nous en sortir, et un ami africain qui m'accompagnait en a mangé tous ses gris-gris. Les appareils de bord sont tombés en panne les uns après les autres. Le pilote, un militaire de carrière, ancien pilote d'essai, a terminé le vol à la main et à la boussole en pleine nuit, pour se poser à Lomé. Après l'atterrissage, il a reconnu que de toute sa carrière il n'avait eu à subir un orage d'une telle violence.

Arrivé à destination, l'ambassadeur de France, un ministre ou un proche du Président m'attendait, une voiture de sécurité et parfois des motards. Quant à la Mercedes fraise écrasée du fils d'Omar Bongo tant décriée par la presse, je n'ai pas été chez le concessionnaire la choisir avec lui. Moi-même je porte rarement du rose.

Les conventions des Africains ne sont pas les nôtres, ce n'est pas un scoop. Ils ont, par exemple, au plus haut sommet de l'Etat, un sens de l'accueil qui peut nous paraître démesuré. Il n'est pas rare qu'un ministre français en vacances dans tel ou tel pays africain, qu'un grand patron, voire un simple homme d'affaires de passage demande une entrevue avec le Président, et que celle-ci lui soit accordée. On imagine mal l'inverse. Un ministre africain, même en visite de travail, se verra souvent renvoyé au fonctionnaire chargé de son secteur géographique et ne sera pas reçu par son homologue « trop surchargé ». Ce manque de réciprocité me choque, je sais qu'elle est souvent ressentie de façon blessante par nos interlocuteurs. Les séduit-on pour mieux les mépriser ensuite ? C'est une façon grossière de leur rappeler qu'ils ne sont là que pour mieux servir nos intérêts. Je me souviens d'une anecdote devenue presque légendaire au Sénégal qui illustre ce propos. Lors d'une réception officielle, du temps du général de Gaulle, un député de Saint-Louis du Sénégal s'approche de lui, mais celui-ci l'envoie gentiment promener. Le député, vexé, apostrophe de Gaulle : « Mon général, n'oubliez jamais que Saint-Louis était française avant

Lille », ville d'origine de De Gaulle. Le député voulait lui rappeler que les habitants de l'île de la ville de Saint-Louis, fondée par les Français en 1659, avaient bénéficié de la nationalité française de 1895 à 1958, date de l'indépendance du Sénégal, au même titre qu'un Basque ou un Breton.

Dans les pays où j'ai vécu, je préférais habiter à l'hôtel plutôt qu'à l'ambassade ou dans une villa mise à disposition par le gouvernement. Il était plus facile pour mes amis, ou même des opposants politiques, de venir me voir. On me l'a reproché. Fallait-il que je reste dans le carcan du protocole officiel sans rien voir d'autre que ce qu'il proposait ? Aller visiter l'école de peinture de Poto-Poto à Brazzaville (détruite pendant la guerre civile), ou s'asseoir à l'île de Gorée au Sénégal avec Gora Mbengue, maître de la peinture sur verre, mort aujourd'hui, pouvait m'en apprendre davantage que n'importe quelle réunion de coopérants ou de couloir d'ambassade. Le soir, oui, il m'arrivait de sortir comme tout le monde, quand j'en avais le temps. Il était plus agréable de prendre un verre ou de dîner dans un petit bar africain de plein air que dans le lobby glacial d'un grand hôtel. Les boîtes de nuit, aussi. J'ai même été fait « Africain d'honneur » par le chanteur nigérian Fela Kuti dans son repaire de Lagos, devant une foule en délire. Heureusement qu'il ne m'a pas demandé de chanter avec lui ! J'aimais aussi le Zaïrois Franco et son orchestre « OK Jazz » qui se produisait dans sa boîte « 1, 2, 3 » à Kinshasa. Le charme de sa chanson « Mario », qui lui valut l'exil car elle critiquait la nomenklatura, ne produit pas la même émotion si on l'écoute sur place à ciel ouvert que sur un CD dans le 5e arrondissement de Paris. Les mondanités entre Blancs autour de petits-fours ne m'ont jamais passionné. Même si j'aime beaucoup les petits-fours.

Des amis m'avaient prévenu, André Rousselet le premier : « En devenant conseiller de ton père, tu te jettes dans la gueule du loup. » Il en avait même parlé à mon père qui était passé outre. Ni militant PS, ni franc-maçon, ni membre de rien si ce n'est journaliste, je cumulais les handicaps. En revanche j'avais une bonne connaissance de l'Afrique puisque j'y traînais mes bottes depuis treize ans, fréquentant davantage les autochtones que bon nombre de petits Blancs qui prenaient racine comme des baobabs, préférant faire du surplace et du franc CFA, pour faire avancer leur carrière.

J'ai appris l'Afrique par le terrain. Brousse, savane, déserts rugueux, fleuves hypertrophiques, villes contrastées, villages immuables. J'ai approché la diversité de ses cultures et de ses traditions. J'ai essayé de saisir la nature complexe des relations entre les hommes, leurs groupes et leurs sous-groupes qui ont tant de mal à se structurer en Etat et à s'adapter au monde dit « moderne ». Il est parfois des mues assassines.

Ce continent meurtri par ses guerres et ses endémies fonctionne sur un paradoxe qui le rend totalement opaque à la compréhension occidentale. Quant à ses jeunes élites politiques et administratives, elles savent parfaitement manier le discours que les Occidentaux ont envie d'entendre. Si les codes de l'Afrique sont parfois impénétrables, ses mots sont ouverts à tous. Alain Vivien, député de Seine-et-Marne, vice-président de l'Assemblée nationale, et secrétaire d'Etat aux Affaires étrangères[1], avait essayé de faire inviter au congrès du PS de Lille en 1987 les représentants du parti d'Hissen Habré, capables selon lui de faire évoluer leur pays vers la démocratie. Il avait peut-être raison. Il avait très bien connu certains d'entre eux lorsqu'il avait été enseignant à l'Institut national tchadien pour les sciences humaines (65-67). Or le PS tenait une position très ferme à

1. 1991.

l'époque, celle de n'inviter aucun parti de pays africain non démocratique, fût-il de gauche. Je fus donc surpris du passe-droit que s'autorisait Vivien. Comment allions-nous nous expliquer auprès des pays auxquels nous opposions systématiquement une fin de non-recevoir ? J'en fis la remarque à mon père, et le projet d'invitation fut annulé à mon grand soulagement.

Dans la même veine (ou déveine) je dus aussi subir les analyses, qui avaient valeur de leçons, des experts ès Afrique du PS. La plupart n'avaient qu'une connaissance parcellaire ou livresque du continent africain. Ils intégraient dans leur discours théories et certitudes politiquement correctes sans jamais prendre en considération une réalité de terrain plus complexe, ni mesurer les risques encourus en leur imposant de facto leur vision « démocratique ». C'étaient les rois du « y a qu'à » et du « faut qu'on » en vogue chez les néo-colonialistes. Ils mettaient la réalité au service de leurs théories. Je m'opposais à eux sans état d'âme, je travaillais pour le président de la République, pas pour un parti. J'étais leur croix ; mais plus tard ils me la firent porter. Certains membres, sûrement lecteurs assidus du *Zéro et l'Infini*, avaient décidé d'engager le processus d'exclusion du parti pour pensée déviante. Ils avaient oublié une seule chose : je n'en étais pas membre. Il ne faut donc pas s'étonner si un grand nombre des hommes qui m'ont aidé à mieux appréhender la réalité africaine n'appartenaient pas à ce groupe d'experts, et rarement à ce parti.

La réorganisation de la coopération, étudiée par le gouvernement Rocard, m'a valu également des soupçons de mauvaise camaraderie. Le gouvernement avait demandé un audit sur la coopération à M. Stéphane Hessel, haut fonctionnaire à l'intégrité incontestable et incontestée, afin de renforcer son efficacité. Ce dernier remit un rapport qui suggérait de substituer au ministère de la Coopération une sorte de « Haut-Conseil » dont le président serait nommé par le Premier ministre. Je ne m'occupais pas de ces questions, et j'avoue que je n'avais pas lu le travail de M. Hessel, lorsque j'appris que son texte allait être enterré, parce que je m'y opposais ! Je demandai sur-le-champ à m'expliquer avec le Premier ministre, Michel Rocard, pour tordre le cou à ces méchantes rumeurs. Le rendez-vous fut pris par l'un de ses amis qui connaît bien l'Afrique, Michel Dubois. Au cours d'un petit déjeuner en tête à tête, Michel Rocard m'apprenait qu'une analyse négative au sujet des conclusions de ce rapport avait été adressée à mon père, et que l'on m'en attribuait la paternité. Je démentis formellement avoir interféré dans l'enterrement du dossier. Je m'autorisai tout de même une remarque : étant présidentiable, il eût été curieux, s'il avait été élu, et en cas de cohabitation, qu'il fût à l'origine d'un affaiblissement des prérogatives du président de la République. Ce qu'il admit bien volontiers. Les choses en restèrent là.

Guy Penne, du temps où il était à l'Elysée, organisait, bon prince, en tant que membre du PS, une réunion hebdomadaire avec ces « experts » en africaneries. Son souci majeur était davantage de ne pas se couper de sa « base » dont il aurait besoin par la suite pour se faire élire sénateur des Français de l'étranger. Il était donc assez libre d'esprit pour prendre ces réunions pour ce qu'elles étaient : des réunions. Au début, élève docile, j'y assistais de temps en temps. Un matin où je rentrais du Togo, une « experte » affirma qu'un opposant togolais venait de se faire embastiller, et qu'il était probable qu'il serait passé par les armes si le gouvernement français n'intervenait pas. Or la veille j'avais déjeuné avec l'embastillé en question à Lomé, et il m'avait paru tout à fait libre et bien vivant. C'était en effet un opposant au régime, mais un opposant de seconde zone. Il n'effrayait pas le président Eyadema qui s'acharnait surtout sur les gros calibres. Réponse cinglante de l'« experte » à ma remarque : « Tu sais bien que c'est faux. Non seulement tu ne connais rien au pays, mais en prime tu ne sors pas de ton hôtel cinq étoiles. » Elle ignorait que j'avais vécu dans ce pays, comme elle ignorait d'ailleurs tout du Togo, à part peut-être l'hôtel cinq étoiles auquel elle faisait allusion.

Ce qu'ils ignoraient encore, elle et ses confrères, c'est que nous ne les attendions pas pour agir. Sans qu'ils le sachent, nous avons sorti plus d'un opposant jeté en prison de façon arbitraire et sans procès. La seule façon d'opérer était, selon nous, de rester discrets pour mener à bien ces opérations, sans faire perdre la face aux dirigeants peu enclins à l'indulgence vis-à-vis de toute opinion divergente. Que valait-il mieux ? Faire libérer des opposants emprisonnés dans des conditions souvent effroyables, ou faire rouler le tambour et sonner la charge en jetant l'anathème sur le bourreau au risque non seulement de maintenir les malheureux en prison mais aussi de mettre leur vie en danger ? Tout ce battage pour retirer un peu de gloriole dans les dîners mondains ?

Ne pas appartenir au sérail était une gageure. Je dus en payer l'addition, et mon père le pourboire. A peine avais-je mis le pied à l'Elysée que la messe était dite : mon père favorisait à travers moi la République des coquins et des copains. Pour faire court, je fus tour à tour accusé : d'affairisme, de trafic de drogue, de génocide et déjà de trafic d'armes. J'ai été attaqué pour des raisons qui n'étaient liées ni à mon poste, ni à mon travail, et encore moins à ma compétence. C'est entre autres à quelques éminences du PS et certains « conseillers » de l'Elysée que je dois les charges les plus virulentes, relayées avec délectation par des journalistes, toujours les mêmes, peu regardants sur la fiabilité de leurs sources.

J'avais également fort à faire avec l'ADFE[1], sorte

1. Association démocratique des Français de l'étranger.

d'excroissance des sections locales du PS et dont ma femme fut l'une des fondatrices. La majorité des coopérants français qui en étaient adhérents, et dont la plupart étaient profs ou fonctionnaires, admettait mal que je refuse de m'occuper d'eux en particulier, et de leur carrière en général. Quand je les rencontrais, ils me parlaient davantage de leurs points de retraite, même si je n'étais pas leur représentant syndical, ce qu'ils semblaient ignorer, que de la façon dont ils appréhendaient la situation économique et politique du pays où ils vivaient. Lors d'une réunion au Togo avec la dizaine de représentants locaux du PS et de l'ADFE, je me fis apostropher par une jeune femme qui trouvait inadmissible que les Togolais travaillant en France aient des réductions sur les lignes aériennes quand ils rentraient au pays pour les vacances, et pas les coopérants français ! Je lui répondis : « Ce sera une mesure à étudier lorsque les travailleurs émigrés en France auront le même salaire que vous, ou vice versa. »

Une autre fois, un membre de l'ADFE avait organisé une réunion sur le thème « du manque à gagner des salaires non révisés à la hausse » dont je devais me faire l'écho « à qui on savait... au plus haut sommet de l'Etat ». L'Etat impatient de connaître leurs petits soucis. Qu'importe que leurs salaires fussent plus conséquents que s'ils avaient exercé en France et qu'ils fussent en général logés gratuitement. Ces faveurs relevaient selon eux du détail. Dieu est dans les détails, mais le diable aussi. Pourquoi ne rentraient-ils pas en France puisqu'ils étaient aussi maltraités par leur ministère de tutelle ? Ma question demeurait toujours sans réponse et n'était jamais suivie d'effet. Fort heureusement, tous les coopérants français vivant en Afrique n'étaient pas ainsi, mais cette minorité « agissante » et politiquement « éduquée » polluait l'atmosphère.

Je pourrais multiplier ces exemples par cent. Lorsqu'ils rentraient en France, les coopérants et affiliés PS ne m'épargnaient pas, ajoutant aux noms d'oiseaux la calomnie. Mais j'ai tenu bon, et je me suis toujours refusé à intervenir sur des dossiers privés, à quelques exceptions près, comme l'affectation à des endroits différents de couples de coopérants, par une quelconque aberration administrative. L'aberration administrative étant un pléonasme.

Il m'est arrivé une autre fois d'intervenir, à mon corps défendant mais à la demande expresse de l'ambassadeur, dans une histoire de droit commun, et je m'en suis mordu les doigts. A la requête de l'ambassadeur de France au Togo, j'avais demandé au général Eyadema qu'un coopérant français incarcéré à la prison de Lomé pour pédophilie soit transféré dans une prison française pour y achever sa peine, selon les accords existant entre les deux pays. Au moment où je devais repartir pour la Côte-d'Ivoire, une voiture arriva sur le tarmac de l'aéroport et me remit entre les mains l'enseignant en short et sans papiers. Je n'en voulais pas, mais j'étais bien obligé de l'emmener avec moi en paquet cadeau. Arrivé à Abidjan, je le confiai à l'ambassadeur de France pour qu'il arrange son retour sur Paris. Quelque temps plus tard, j'appris que l'enseignant libéré n'avait pas terminé sa peine en France mais qu'il se portait de nouveau candidat à un poste de coopération en Afrique !

Plus de dix ans après mon départ de l'Elysée, que reste-t-il de ces fausses rumeurs et de ces accusations infondées ? Rien. Foccart l'a raconté dans ses mémoires [1], mon plus grand vice était, selon lui, ma tenue débraillée qui déplaisait à certains chefs d'Etat africains. Mais n'appartenant pas à la même génération, les canons de la mode avaient peut-être changé.

1. *Foccart parle*, Entretiens avec Philippe Gaillard, Edition Fayard/Jeune Afrique, 1995 (vol. 1), 1997 (vol. 2).

7

LA POSITION DU MISSIONNAIRE

Je suis entré à l'Elysée par la petite porte quand j'étais encore à l'AFP. Mis au placard dans cette agence dès l'élection de mon père à la présidence, j'avais du temps libre à revendre. Guy Penne était en charge de la cellule africaine. Je lui donnais de temps à autre des coups de main avec un autre ancien journaliste de l'AFP, Michel Hermann, pour monter des dossiers. Nos prédécesseurs avaient fait un nettoyage par le vide. Une coutume tribale.

Guy Penne occupait un minuscule bureau, sous les toits de l'Elysée, qui avait été celui de son prédécesseur, M. Martin Kirch. C'était un vrai jeu de piste pour ses interlocuteurs de trouver la bonne porte au bon étage. Guy Penne se mit à chercher un nouveau lieu de travail. Au 2, rue de l'Elysée, au coin de l'avenue Gabriel, le rez-de-chaussée d'un immeuble appartenant à la présidence était vide depuis longtemps. Il paraît que le président Valéry Giscard d'Estaing faisait vider cet hôtel particulier afin d'y installer ses appartements privés pour son second septennat... En l'état, seuls les sous-sols étaient occupés par la cantine. Bref, ces locaux étaient superbes et inoccupés, donnant directement sur un jardin, et personne ne voulait s'y installer... Sans doute jugés trop loin du saint des saints. Nous apprendrons plus tard que M. Jacques Foccart, secrétaire général de la Communauté française, de 1958 à 1960, avait déjà occupé cet hôtel particulier. C'était un signe. Lorsque j'ai été nommé à la place de Guy Penne en 1986, j'ai troqué le mobilier Louis XIII contre du mobilier moderne moins poussiéreux, récupéré au mobilier national avec un superbe oiseau Sénoufo (Côte-d'Ivoire) polychrome qui dormait dans les caves d'un musée.

En 1982, je démissionnai de l'AFP, fus engagé comme contractuel au Quai d'Orsay et détaché à l'Elysée comme adjoint de Guy Penne. Guy Penne était une vieille connaissance de mon père, le « Foccart de Mitterrand », comme le nommait Péan. Dentiste de son état, il fut longtemps le mien, et ne s'est pas privé de me faire souffrir. Je préférais être sous sa houlette à l'Elysée que sous sa roulette dans son cabinet. Ma fonction d'adjoint m'interdisait de m'adresser directement au Président. Tout passait par Guy Penne avec lequel j'entretenais des relations de travail amicales dont je n'ai jamais eu à me plaindre. J'étais l'exécutant d'une politique africaine qui se mettait en place au sommet, non sans quelque difficulté, comme nous le verrons plus tard.

A l'occasion je me faisais aussi le garde-chiourme pour leader charismatique susceptible comme Thomas Sankara avec lequel on frôlait en permanence l'incident diplomatique. Sankara, jeune président de Haute-Volta (qui allait devenir le Burkina Faso), avait été invité au sommet France-Afrique de Vittel en octobre 83. Il avait été accueilli à l'aéroport par Guy Penne, remplaçant au pied levé Christian Nucci, ministre de la Coopération, qui avait fait faux bond au dernier moment. Sankara le prit comme une provocation, car il avait une dent de fauve contre le conseiller des Affaires africaines. Alors qu'il n'était que Premier ministre du président Ouedraogo, Sankara avait été arrêté par ce dernier le jour même de la visite de Guy Penne à Ouagadougou. Sankara en avait déduit qu'il devait sa chute au conseiller de l'Elysée. Ambiance glaciale sur le tarmac parisien. A peine arrivé à son hôtel, Sankara, revolver à la ceinture, et tout de treillis vêtu, déclara qu'il repartait sur-le-champ. Réunion de crise dans le bureau de mon père, avec Christian Nucci, ministre de la Coopération, Guy Penne et moi-même. Mon père laissa exploser sa colère. C'était rare. Il fulminait contre ce raté diplomatique, et l'utilisation que la presse pourrait en faire. Sankara était à cette époque un personnage emblématique d'une nouvelle génération de chefs d'Etat qui ne sortait pas du moule néo-colonial face aux caciques peu en odeur de sainteté au PS. Personne ne soufflait mot. Dans ces cas-là, il valait mieux attendre que l'orage passe avant de faire un commentaire. Finalement, mon père se tourna vers moi et, d'un ton sec : « Tu arranges tout ça. » Il appela devant moi le président africain pour lui annoncer ma visite. J'étais le seul qu'il n'avait jamais rencontré, et j'étais donc déchargé de toute vindicte personnelle.

Sankara me reçut le visage fermé dans sa suite du Méridien et se laissa petit à petit amadouer. Je lui expliquai et lui réexpliquai que jamais, au grand jamais, il n'avait été dans l'intention du gouvernement, ou de Guy Penne, de le faire emprisonner, ni même de le mettre sur la touche, et qu'il n'était pas dans les intentions de la France de s'immiscer dans les affaires des Etats africains, ou de se substituer à lui. « Les opérations de type "Barracuda" ne sont plus à l'ordre du jour », lui fis-je remarquer. Finalement, Sankara se rendit à mes positions. Pour marquer le coup, l'« affront » étant déjà connu à Ouagadougou, il refusa de participer au dîner des pays francophones le soir même, mais accepta de participer au sommet France-Afrique qui débutait le lendemain à Vittel. J'informai mon père de ma bonne fortune : « Tu ne le lâches pas, me prévint-il, je ne veux pas d'autre incident. » A 6 heures du matin, j'étais devant la porte du président africain avec tout le tralala, protocole, etc. Aux ordres. Arrivés à l'aéroport, en raison de son treillis militaire, le protocole voulut le mettre manu militari avec les aides de camp au lieu de l'introduire dans le salon d'honneur avec les autres présidents en partance pour Vittel. Il finit par en rire. Le sommet s'est impeccablement passé, mon père savait charmer quand il le fallait. Je suivais néanmoins Sankara comme son ombre, mais le dernier soir, pour le dîner d'adieu, je ne l'ai pas reconnu : il avait mis un costume trois-pièces.

Quelques années plus tard, après le sommet franco-africain de Lomé en 1986, où Sankara ne s'était pas rendu à cause des mauvaises relations qu'il entretenait avec le président du Togo, Eyadema, mon père se rendit en visite officielle au Burkina Faso. Sankara prononça alors un discours enflammé sur la paix dans le monde et les conflits injustes provoqués par les « impérialistes » en Afrique du Sud, en Amérique centrale... et tapant fort sur les pays africains modérés, et principalement sur le président Houphouët-Boigny au passage. Et comment la France (trémolos), pays des Droits de l'homme, pouvait-elle se placer du côté des oppresseurs et des bourreaux ? Cette diatribe lancée tout de go avec grand talent oratoire, sans note écrite, mit la délégation française dans l'embarras. Ce discours inattendu avait des relents de guerre froide qui avaient du mal à passer. Le jour même, nous venions d'apprendre que le président de Renault, Georges Besse, venait d'être assassiné. Mon père avait l'esprit ailleurs. Quant au discours que nous avions préparé, on pouvait se le garder dans la poche. Alors mon père improvisa et lui répondit à l'africaine : « Vous avez parfaitement raison. La paix oui, mais la paix partout mon jeune ami. En Afghanistan aussi où les Soviétiques sont engagés. Il n'y a pas deux poids, deux mesures. Quant à Houphouët que je connais depuis cinquante ans, il y a cinquante ans, vous savez, il tenait un discours beaucoup plus dur que le vôtre, mon jeune ami. » Aïe ! Je me précipitai vers Sankara et j'entendis un de ses amis lui dire : « Tu as eu tort de traiter le vieux comme ça. » Et Sankara de répondre, embêté : « Tu ne vas pas me mettre une baffe toi aussi, parce que le vieux, il vient de m'en mettre une, et en public ! » Mon père aimait ce genre de joute et appréciait la personnalité de ce jeune et fougueux chef d'Etat qui perdra le pouvoir et la vie quelques années plus tard, et qui scandait à la fin de chaque discours : « La victoire ou la mort ! »

J'ai eu l'occasion à plusieurs reprises de faire face à l'imprévisibilité de ce capitaine. Revenant d'une mission en Afrique centrale, mon avion dut faire escale à Ouagadougou pour faire le plein. Bien que nous n'ayons pas prévu d'entretien au Burkina Faso, le protocole de la présidence vint me chercher sur le tarmac à la demande du président Sankara pour un court tête-à-tête. Nous étions en pleine guerre du Tchad.

« Christophe, l'armée française n'a rien à faire dans ce pays, m'apostropha-t-il.

— Vous avez bien raison. D'ailleurs elle n'y serait pas, si l'armée libyenne n'y était pas aussi. Nous n'agressons pas le Tchad, la Libye, oui.

— La France a une attitude néo-coloniale et doit laisser l'Afrique tranquille », renchérit-il, laissant entendre que, l'armée libyenne étant africaine, son pouvoir de nuisance n'avait rien de colonial. Je rentrai dans son jeu : « D'accord, Monsieur le Président, si vous voulez vous rattacher à une histoire révolue que nous n'avons connue ni l'un ni l'autre, étant trop jeunes, j'en accepte l'augure. Je vous rappellerai que les tribus libyennes faisaient dans le passé du trafic d'esclaves jusqu'au Burkina Faso. Vous avez le choix entre coloniaux et esclavagistes. » L'entretien s'arrêta là, et il ne revint jamais sur le sujet durant tout le conflit du Tchad.

Notre présence militaire au Tchad entraînait souvent des débats dans les pays africains qui se déterminaient en fonction de leurs positions politiques et de leurs ambitions nationales. Au Nigeria, le président Shagary, au cours d'un entretien à Lagos, souleva la question en pointant le fait que la France s'opposait à un pays africain sur un continent qui ne lui appartenait pas. Je feignis de m'étonner. Le Nigeria ne nourrirait-il pas des ambitions sur le Tchad ? Si un pays africain s'autorisait à violer tous les accords internationaux au prétexte qu'il se sentait partout chez lui sur le continent, où allions-nous ? L'armée sud-africaine blanche avait donc le droit d'intervenir en Angola pour soutenir la guérilla d'opposition de Savimbi. Et l'armée cubaine, à majorité noire, n'aurait pas pu venir en aide au gouvernement de Dos Santos, parce que Cuba n'est pas en Afrique. Curieuse rhétorique. Dans la foulée de cette fructueuse conversation, le président nigérien fit sortir un communiqué rappelant que son pays et la France avaient adopté une attitude commune concernant la question tchadienne. Nous étions heureux de l'apprendre.

En 1986, M. Jacques Chirac devenait Premier ministre, Guy Penne quittait son poste pour devenir sénateur, et j'étais nommé à sa place par le Président.

Contrairement à ce qu'il a été dit, les affaires et la politique ne se rejoignent pas chez moi. Mon travail consistait à informer le Président de la situation économique et politique des Etats africains. J'étais en outre son messager, et chargé d'organiser rencontres et sommets, de réunir et préparer les thèmes de ses discours en relation avec les ministères des Affaires étrangères, de la Coopération, de la Défense et, souvent, des Finances. Il m'est arrivé de partir en mission pour défendre les intérêts économiques et nationaux de la France, mais très rarement. Nous y reviendrons aussi.

Dès 1981, le Président avait décidé que ses conseillers

pour les Affaires africaines ne s'occuperaient pas seulement de l'Afrique francophone, comme il était de règle sous les présidences précédentes de la Cinquième République. Il avait étendu leur mission à tout le continent noir. Nous ne pouvions plus rester sur notre pré carré post-colonial. Une prémondialisation économique se dessinait. Les frontières économiques, sociales et politiques se perméabilisaient. Ce qui se passait au Ghana n'était pas sans influencer le Togo et la Côte-d'Ivoire, comme le Nigeria transpirait sur le Niger et le Cameroun, ou le Tchad sur la République centrafricaine. Le Président nous avait expliqué avec soin et précision le cadre dans lequel il entendait que nous travaillions. « Vous êtes des conseillers du président de la République. Il n'y a pas de cellule car elle n'a pas de légitimité par elle-même. Vous ne devez pas m'isoler. Vous ne devez pas vous substituer aux ministres. Votre seul interlocuteur, c'est moi, ou le secrétaire général de l'Elysée. Vous ne devez pas intervenir directement, ou alors sur mon instruction expresse. » A partir d'une telle déclaration, les choses devenaient assez faciles. Il répondait aux notes que nous lui adressions dans la journée, et, s'il y avait une urgence majeure, il était possible d'aller directement lui en parler dans son bureau ou par téléphone. Structurellement, les « affaires africaines » dépendaient directement de lui, et pour gagner du temps il n'était pas obligatoire de passer par le secrétaire général. Je transmettais néanmoins toujours à ce dernier un double de mes notes.

Jean-Pierre Cot, alors ministre de la Coopération, défendait une vision tiers-mondiste de la politique franco-africaine, vision qu'il partageait avec le ministre des Affaires étrangères, Claude Cheysson. Le décret d'application du champ de son ministère lui donnait autorité sur les pays francophones du continent noir, presque toutes des colonies de notre ancien empire, ainsi que les pays lusophones (Mozambique, Angola, Guinée-Bissau, Cap-Vert, Sao Tomé et Principe), décision prise avec justesse par le président Valéry Giscard d'Estaing et appliquée par nous.

Jean-Pierre Cot entendait mettre de l'ordre dans les relations franco-africaines sur l'air de la démocratisation et de la moralisation des Etats. Pourquoi pas ? Mais les coups de pied dans la fourmilière ne font qu'énerver les fourmis. Peu d'Etats africains goûtaient cette brutale mise au point, qui valait une mise au pas. L'ombre tutélaire de Foccart planait. Peut-être mon père avait-il commis une erreur d'appréciation sur la capacité des Africains à passer directement à la case démocratie, et du moins pensait-il que son ministre passerait d'abord par la case diplomatie pour amener ces régimes à évoluer vers la démocratie et appliquer les Droits de l'homme, père et mère de toutes les vertus, comme chacun le sait. Nous avions des leçons à donner, hélas nous en avons aussi reçu. Les analyses des historiens, des journalistes, acteurs ou témoins directs de la politique africaine, ne manquent pas sur le sujet.

J'ai pris des coups, mais je ne regrette rien. Il n'y a pas de travail plus passionnant que d'être au cœur du pouvoir et de participer à la prise de décision. Bien sûr, je n'étais que rapporteur, jamais décisionnaire. Le *final cut*, ce n'était pas moi. Les décisions appartenaient au Président et aux ministres concernés. Et je n'avais jamais eu l'ambition de devenir l'un ou l'autre.

8

DÉBUTS SUR LA CORDE

Les risques de déstabilisation nous sautèrent à la figure très rapidement. Je ne travaillais pas encore officiellement à l'Elysée, nous étions dans les semaines qui suivaient l'arrivée de mon père à la présidence. Une crise grave éclatait entre le Nigeria et le Cameroun dont j'aurais à gérer beaucoup plus tard les effets. Le Nigeria, dirigé à cette époque par le régime civil élu de M. Shagary, se préparait à attaquer militairement le Cameroun. Les relations étaient exécrables entre les deux pays : divergence d'appréciation sur les tracés des frontières datant de l'indépendance, concernant notamment la presqu'île de Bakassi, riche en pétrole, scories de la guerre du Biafra, soutien nigérian à la minorité agissante anglophone du Cameroun, etc.

L'armée nigériane s'était massée sur les frontières, l'ordre de marche était donné. Le président du Cameroun, M. Ahmadou Ahidjo, qui ne pouvait faire face à la puissance de l'armée nigériane, demanda à la France de faire jouer les accords de défense signés entre nos deux pays depuis son accession à l'indépendance.

Puisqu'il s'agissait d'une tentative d'agression militaire extérieure caractérisée, les accords de défense pouvaient s'appliquer. La machine de guerre se mit en branle, les bases de Libreville, Bangui et Bouar furent mises en alerte, les avions bombardiers prêts à décoller. Parallèlement nous faisions savoir aux autorités politiques du Nigeria qu'en accord avec nos engagements la France participerait à la défense du Cameroun. Devant la menace, le Nigeria recula et annula son ordre d'attaque. Nous étions soulagés. Démarrer un septennat par un conflit militaire en Afrique aurait été diversement apprécié.

Le chef d'état-major qui supervisait la préparation de cette offensive s'appelait Ibrahim Babangida. Je ferai sa connaissance quelque temps plus tard, avant qu'il ne prenne le pouvoir dans son pays par un coup d'Etat. « La France sait tenir ses engagements, m'avait-il confié. Cette fois-là c'était contre nous, mais elle nous a montré qu'elle savait tenir parole. Pour moi elle est crédible lorsqu'elle signe des accords. » Je pensais qu'il aurait pu nous en vouloir, ce fut le contraire. La suspicion avait toujours prévalu entre nos deux pays. Le Nigeria, puissance écrasante de cette partie de l'Afrique avec ses cent millions d'habitants, se disait encerclé par les pays francophones (Cameroun, Niger, Bénin) et donc se méfiait de la France. La guerre du Biafra, où la France avait choisi son camp contre le sien, n'avait pas arrangé nos relations. Sur le plan politique, nous nous ignorions, même si nous avions noué des liens sur le plan des affaires, comme en attestait la présence sur place de nombreuses entreprises françaises.

Le rapprochement inopiné entre nos deux pays se fit lors d'un séjour privé du général Babangida pour des raisons de santé. Opéré à l'hôpital américain, mon père était allé lui rendre visite et s'était entretenu plus d'une heure avec lui. Cette marque d'amitié avait plu au président du Nigeria. Par la suite, les deux hommes entamèrent des relations amicales. Ils aimaient échanger leur point de vue sur l'ensemble du monde africain, et l'opinion de chacun n'était pas indifférente à l'autre.

Dans les pays francophones, c'était une autre chanson depuis l'arrivée au pouvoir de la gauche. Eyadema au Togo, Bongo au Gabon, Kountché au Niger principalement menaçaient de nous claquer la porte au nez et de durcir leur régime du même coup si les leçons de morale de la France par la voix de quelques *missi dominici* ne cessaient pas. Certains chefs d'Etat « frères » étaient persuadés que la France voulait se débarrasser d'eux pour en mettre d'autres à leur place. Cette « impression » était appuyée, déformée, provoquée par quelques personnages de la droite française qui se frottaient les mains à l'idée d'une crise ouverte entre la France et le continent africain ; crise qu'ils mettraient à profit pour dénoncer la « chienlit » socialiste et son incapacité à gouverner le pays.

Des sans-grade jusqu'au plus haut sommet de l'Etat, c'était la panique dans les pays francophones. Un vent de rébellion soufflait. Les crises, entre le Gabon et la France en particulier, se multipliaient. Je me souviens d'un incident savoureux où, pour une fois, nous n'y étions pour rien. Lors d'unc campagne pour les élections européennes, le président Bongo m'appela absolument furieux, s'insurgeant contre la campagne insultante d'affichage du FN à Libreville qui placardait sans vergogne sur les murs de la capitale gabonaise les mêmes affiches qu'en France dont le slogan était : « Les immigrés, dehors ! » Le FN n'était pas gêné, il faisait plus de 30 % au Gabon chez les expatriés. Je lui répondis : « Appliquez leur programme, au Gabon, les immigrés, ce sont eux ! »

Contrairement à ce que l'on a prétendu, je me suis tenu à l'écart des luttes intestines au cœur du PS entre les tenants de la démocratie tiers-mondains, et les modérés. Jean-Pierre Cot, tiers-mondiste convaincu, n'hésitait pas à mettre les pieds dans le plat. Lors d'un voyage officiel en Centrafrique, il offrit un dîner à l'ambassade de France au cours duquel il assit à sa table un opposant au régime en place, Abel Goumba, franc-maçon comme lui. Quelques jours plus tard, Goumba fut arrêté sous un prétexte fallacieux, après des mouvements qualifiés de tentative de coup d'Etat. Je dus intervenir avec beaucoup de diplomatie auprès du général Kolingba pour le sauver de la fosse aux lions. Son ministre de la Justice accusait la France de vouloir déstabiliser le pays en faveur d'opposants comme Goumba :

« Nous en avons la preuve, m'affirmait-il.

— Alors, montrez-la-moi tout de suite, car moi j'ai la preuve du contraire, ici sur place !

— Ah bon ? répondit-il un peu inquiet.

— Ma preuve c'est vous ! Vous ne seriez pas là en train de palabrer derrière votre bureau si nous avions voulu vous renverser. Il n'y a pas un véhicule militaire qui roule dans cette ville qui ne soit pas français. » Fermez le ban. Le soir même, nous nous retrouvions autour d'un dîner officiel à l'ambassade de France, et la conversation fut des plus urbaines.

Je n'ai jamais demandé la tête de Jean-Pierre Cot, même si, à titre personnel, j'étais partisan d'un passage à la démocratie en douceur, sans ingérence « à la coloniale ». Ce temps-là était révolu. Nous devions appliquer d'autres méthodes si nous voulions faire évoluer « despotes » et « tyrans ». Jean-Pierre Cot voulait élargir la coopération à tous les pays pauvres de la planète, et faire avaler le ministère de la Coopération par le ministère des Relations extérieures. Volonté généreuse mais difficile à appliquer qui n'aurait entraîné qu'un saupoudrage financier pour les pays receveurs, et provoqué un vif sentiment de « lâchage » chez nos partenaires privilégiés de l'Afrique francophone. Sans négliger le fait que la majorité des présidents n'étaient pas prêts à faire leur révolution, quelle que fût leur tendance politique.

Démocratisation, multipartisme, à quelle vitesse ?

Telles étaient les questions que se posaient les cercles « africanistes » à Paris. Mon père était naturellement favorable au processus de démocratisation des pays africains, à condition qu'il fût mené de façon à ne pas déstabiliser des Etats aux économies fragiles. L'Afrique est un géant aux pieds d'argile. Cette faiblesse perdure, hélas. Mais ce n'était pas en braquant politiquement et psychologiquement les responsables politiques que l'on pouvait faire avancer le débat. Sauf à risquer une répression tous azimuts : le mur de Berlin était toujours debout, et la lutte des classes en vigueur.

La démocratie se construit sur une vraie culture politique qui implique l'acceptation du multipartisme et d'élections libres, et donc de la notion de l'alternance. Mais aussi d'une presse libre, d'une opposition responsable, d'une armée ayant le sens de l'Etat et d'une Justice indépendante... Presque aucun de ces concepts n'existait, et il fallait en favoriser l'émergence sans jouer les « papa a dit ». Nous n'étions plus leur père depuis vingt ans, mais leur partenaire. La République française ne s'est pas construite en un jour. Après une révolution sanglante il aura fallu un siècle de débats philosophiques, suivis de plusieurs retours en arrière, deux empereurs, une restauration, et combien de guerres et de massacres pour l'établir ? En Afrique, le principe de démocratie se heurte encore à une culture ethnique où la notion d'individu, dois-je dire de l'individualisme, n'est que très peu développée. Que veut dire culturellement, au fin fond de la Guinée ou du Congo démocratique, un homme, un vote ?

Seul le Sénégal avait fait sa révolution tranquille avec d'autant plus de mérite que la dégradation de la situation économique n'avait pas facilité les choses. La volonté de deux hommes d'exception avait permis ce virage en douceur. Le premier fut le président Léopold Sédar Senghor qui a instauré un multipartisme limité et une certaine liberté de la presse, et le second, son successeur, Abdou Diouf, qui a été plus loin en imposant un vrai multipartisme, estimant avec raison que son pays était arrivé à maturité. Son échec aux dernières élections contre Abdoulaye Wade a permis au Sénégal de s'offrir une alternance politique digne des grandes démocraties, après quarante ans d'hégémonie du PS sénégalais. Hélas, au plan économique, le pays se retrouve aujourd'hui faisant partie des PMA[1]. Une démocratie est toujours fragilisée par les difficultés économiques. Développement = Démocratie, ou le contraire ? Personnellement j'ai toujours penché pour la première hypothèse.

Dans les autres pays francophones, la situation était totalement différente et l'évolution plus chaotique. En 1990, le discours de La Baule officialisa une attitude qui se construisait lentement. Mais mon père restait prudent, car il connaissait les risques potentiels de déstabilisation de chaque pays. Dénoncer, c'est facile, construire est plus long et plus ardu. « De plus en plus de cadres africains comprennent que leurs pays ont besoin d'être responsabilisés. Nous nous attachons à presser le mouvement tout en nous interdisant les immixtions dans leurs affaires intérieures », disait-il dans une interview au *Monde* du 19 juin 1990, à la veille du sommet de La Baule. Combien de fois m'en suis-je fais l'écho auprès de ces dictateurs que je ne qualifierai même pas d'éclairés : « Ouvrez votre régime, c'est la seule solution. Les partis uniques ne sont plus crédibles. Très rapidement l'opinion internationale ne les acceptera plus. Et vous irez à la faillite. »

Je me souviens d'un tête-à-tête avec le général Eyadema en 1984 à qui je tentais d'expliquer qu'il fallait profiter de la relative bonne santé économique de son

1. Pays les Moins Avancés.

pays, et de son autorité qui n'était pas vraiment remise en cause, pour faire évoluer son régime sec : « Les nouvelles générations ont besoin d'air, de faire bouger les choses. Il faut instaurer des débats, accepter des voix discordantes. Si personne ne peut parler dans un cadre institutionnel rigide, ils parleront ailleurs. Provoquez vous-même cette évolution, vous n'en serez que plus fort politiquement. » Le général m'avait fixé, interloqué. Sa jambe droite, qu'il balançait régulièrement lors de ces entretiens, s'arrêta net : « Tu crois ? » Nous n'allâmes pas plus loin. Il n'était pas convaincu. C'était d'abord un militaire, avec des raisonnements de militaire. A la décharge de certains de ces dictateurs-présidents, la plupart des mouvements d'opposition, souvent en exil, étaient divisés, pratiquaient la surenchère, et étaient peu préparés à jouer le jeu du débat démocratique qu'ils réclamaient pourtant à cor et à cri, et je ne parle pas seulement du Togo.

Démocratie, quel joli mot. Lors de la première campagne présidentielle libre organisée à Madagascar en 1993, le candidat de l'opposition à Didier Ratsiraka, le Dr Albert Zafy, qui avait toutes les chances de gagner, m'avait fait une demande d'un genre que l'on réserve en général aux tueurs à gage et qui m'avait laissé pantois : « Pouvez vous enlever le président Ratsiraka de la course ? » Naïvement je lui répondis : « Les électeurs le feront si vous êtes élu. » Il leva les yeux au ciel : « Mais justement il risque d'être élu, il faut l'enlever de la course ! » Cette fois-ci j'avais compris... il fallait supprimer l'autre. Je m'énervai : « Nous ne sommes plus au temps des colonies, docteur, et le président Ratsiraka n'est pas un gouverneur nommé par Paris. » C'est ainsi que nous étions perçus, comme des parrains qui faisions et défaisions les régimes et les Présidents. Le Dr Zafy fut élu, puis destitué par le Parlement en 1996 pour abus de pouvoir, et Ratsiraka fut réélu après lui, en 1997.

Je m'inscrivais en faux dans ces rapports incestueux, cette fausse consanguinité. J'ai fait une seule fois exception à la règle. C'était en 1990. La Côte-d'Ivoire était au plus mal économiquement. Houphouët-Boigny voulait un Premier ministre qui mette de l'ordre dans les finances et mène une politique économique rigoureuse. C'est-à-dire impopulaire. Il avait pensé au gouverneur de la Banque Centrale des Etats de l'Afrique de l'Ouest (BCEAO), Alassane Ouattara. Après moult hésitations, Ouattara avait décliné son offre. Il se sentait davantage l'âme d'un banquier que celle d'un politicien. Déconvenue d'Houphouët. De passage au Sénégal, je reçus un coup de téléphone d'Houphouët d'Abidjan : « Ce soir tu as un dîner à l'ambassade de France à Dakar auquel doit assister Ouattara. » Il connaissait mon emploi du temps mieux que moi ! Son idée était que je fasse « aimablement pression » sur le gouverneur de la BCEAO. Nous étions une douzaine d'invités autour de la table de l'ambassadeur. Je n'avais jamais rencontré Alassane Ouattara. Je découvrais un homme grand, mince, chaleureux, élégant, peu disert mais intervenant toujours à propos. A la fin du dîner, je m'isolai un moment avec lui, davantage pour le sonder vis-à-vis de la proposition d'Houphouët que pour faire « pression sur lui ». Je lui rapportai le coup de téléphone du « vieux », comme tout le monde appelait Houphouët en Côte-d'Ivoire. Il me fit part de ses craintes. Il lui fallait avoir les mains libres pour assainir une économie au bord de la faillite et appliquer des décisions impopulaires. Réduire une fonction publique pléthorique, faire rentrer l'impôt, empêcher trop de coulage notamment sur les taxes d'importation, et contrôler le commerce parallèle non déclaré. Le chantier s'annonçait immense. Finalement, il accepta le poste de Premier ministre après une conversation avec le chef de l'Etat qui lui assura qu'il aurait les mains libres, hormis les décisions concernant les nominations des ministres des Affaires étrangères et de la Défense. Alassane Ouattara put nommer un gouvernement essentiellement composé de « techniciens », et ses accords avec Houphouët furent parfaitement respectés.

Le Tchad fut le premier terrain brûlant sur lequel nous dûmes avancer en crabe et poser notre politique africaine. Lorsque mon père fut élu, la Libye contrôlait le centre et le nord du Tchad avec l'accord tacite de son président, Goukouni Weddèye. Bien sûr, il y avait des opposants à cette politique de « colonisation du Tchad par la Libye ». Hissen Habré dans le nord-est du pays, le colonel Wadal Kamougué au sud. A ce moment-là, la France tenait trois positions contradictoires : le Quai d'Orsay était plutôt favorable à Kadhafi, la Coopération se sentait des affinités avec Kamougué, et la DGSE soutenait Hissen Habré.

Le président tchadien comptait sur mon père pour régler le problème. Voire enterrer ses opposants, morts ou vifs. Le ministre des Affaires étrangères, Claude Cheysson, déclara alors qu'il était d'accord pour faire un Tchad unitaire dans ses frontières, libéré de ses puissances étrangères. Suivez mon regard. Comme réponse du berger à la bergère, il y a mieux. Mais Goukouni se rangea à la décision française et exigea le départ des troupes libyennes qui s'exécutèrent. Prendre le pouvoir pour Hissen Habré n'était plus qu'une formalité. Après une campagne militaire rapide presque sans effusion de sang, il s'installa à N'Djamena, tandis que Goukouni s'enfuyait. L'ancien leader trouva refuge à Alger. Il fallait maintenant régler le problème du Sud avec Kamougué. Nous partîmes avec Guy Penne au Gabon où Bongo organisait une réunion entre Kamougué et Habré. En vain. Habré reprit le Sud par la force quelques mois plus tard. Kamougué se réfugia au Congo.

Début 83, la guerre reprenait. Les forces de Goukouni, appuyées par des unités libyennes, s'emparaient d'une oasis stratégique au nord, Faya-Largeau, croisement de toutes les pistes qui mènent au sud. Remontée d'huile de tous les pays africains modérés, Zaïre, Côte-d'Ivoire, Togo, Sénégal... qui nous poussaient à intervenir, et des Américains qui nous proposaient un appui logistique pour bouter les Libyens hors du Tchad. En août 83, mon père lança l'opération militaire Manta. Soit trois mille hommes sur le pied de guerre qui auraient le droit d'intervenir uniquement si les troupes de Kadhafi dépassaient la ligne rouge fixée par la France au 15ᵉ parallèle. Mais nous fournissions aussi les armes, les services de renseignements, nous assurions les arrières... et fermions les yeux sur les quelques mercenaires payés par le Tchad et recrutés principalement en France. Ils avaient l'avantage de pouvoir utiliser les armes ultra sophistiquées de type Red Eyes fournies par les Américains qui posaient comme condition qu'elles ne soient pas manipulées par les Tchadiens. Dans le cas où ils auraient été faits prisonniers, les Américains voulaient être sûrs que les armes seraient détruites, pour ne pas tomber aux mains des Libyens.

Le Tchad n'était pas une aventure de tout repos. Les missions se suivaient, mais les négociations n'avançaient pas. Les pourparlers avec Hissen Habré étaient pénibles. C'était un homme fermé, dur, et qui jouait sur les deux tableaux : français et américain. A Paris, un proche de Kadhafi, Geddaf Edam, demanda à me rencontrer. Je le reçus dans mon bureau qu'il investit d'un pas martial, flanqué d'un interprète, et aussitôt s'exprima en arabe. Il me prit de très haut, très, très haut. S'ensuivit une longue diatribe, où la qualité d'impérialiste me fut attribuée à plusieurs reprises. Je le coupai et je passai à l'anglais. Je remarquai qu'il était plus jeune que moi, et lui demandai son âge. Il comprit que je l'amenais sur un terrain sensible : le respect dû aux aînés. Il se reprit vite : « Chez nous on fait la révolution depuis dix ans, alors chaque année compte double. » Je lui rappelai que, dans son petit livre vert, Kadhafi prenait pour exemple la Révolution française : j'avais donc deux siècles d'avance sur lui. L'interprète rit finement. Mon interlocuteur changea d'angle.

Toujours original : « Je ne comprends pas qu'il y ait des troupes françaises au Tchad. »

Patient, j'explique : « Il n'y en aurait pas, s'il n'y avait pas de troupes libyennes. »

Outré, il me répond : « Mais il n'y a pas de troupes libyennes ! »

Les photos aériennes et satellites nous les montraient en train de pisser à un jet de la frontière : « J'en prends acte. Il n'y a pas de troupes libyennes, d'ailleurs il n'y a pas de troupes françaises non plus. »

Nous marchandions nos mensonges, comme au souk.

Suffoqué : « Vous plaisantez, on les voit à la télé, vos troupes françaises ! »

Moi, narquois : « C'est seulement de la propagande. Les Français adorent ça, comme chez vous ! »

Lui, déclamatif : « Mais s'il y a le feu au Tchad, ça met le feu à la Libye, et nous ne pouvons pas l'accepter. »

Excédé enfin, je termine : « Surtout si vous l'allumez ! Les pompiers c'est nous dans l'affaire. »

Je coupai court à l'entretien. Nous n'avions plus rien à nous dire à part quelques formules de politesse.

J'avais la réputation à Tripoli de vouloir en permanence contrecarrer les intérêts libyens. Leurs tentatives de conciliations diplomatiques étaient presque toujours des coups fourrés. Méfiant, j'alertai les militaires : « Il va se passer quelque chose au Tchad. » Je me trompais rarement.

Fin 83, une note blanche non signée que l'on appelle un *non-paper*, en termes diplomatiques, atterrit sur mon bureau. Elle émanait naturellement du Quai d'Orsay.

C'est le genre de note qui est censée ne pas exister, néanmoins son contenu est toujours très signifiant. Dans ce cas précis, elle faisait état d'approches pour négocier avec l'Etat libyen qui occupait le nord du Tchad. Négociations où était clairement évoqué le dépeçage du Tchad. Un petit malin prenait une initiative dangereuse qui n'était pas de son ressort, et sans en informer mon père.

Le soir nous dînions en famille au Divellec, un restaurant de poissons de l'esplanade des Invalides où mon père aimait se rendre. Il y avait là mon père, ma mère, ma femme, ma tante Christine et Roger Hanin. Au milieu du repas, je lui parlai du *non-paper* que j'avais reçu. Il entra alors dans une colère terrible, sans se soucier du monde alentour : « C'est impossible, c'est contraire à mes instructions ! » clama-t-il en tapant du poing sur la table. Les verres sautaient, mais ce furent les seuls qui osèrent bouger. Je comprenais son indignation, mais pas sa rage qui se retournait contre moi. Je me rebiffai : « Si nous étions en guerre, ça vaudrait la Cour pour haute trahison, je sais ! » Ma tante me donnait des coups de pied sous la table qui m'intimaient de me taire. Pourquoi me taire ? Qu'avait-il à me reprocher ? Pourquoi mettait-il mon intégrité en doute ? Pourquoi m'accusait-il d'affabuler ? Pour servir quels intérêts qui ne seraient pas les siens et ceux de la France ? Il voyait les choses autrement. Selon lui, l'Administration ne pouvait pas s'arroger le droit de braver les interdits du politique. Nous continuâmes la discussion sur le trottoir. Et la discussion s'envenima. Je refusai qu'il me traite implicitement de menteur. Nous nous quittâmes. J'en avais les larmes aux yeux de colère. Je regrettais de ne pas avoir emporté la fameuse note avec moi. A 2 heures du matin, il m'appela de l'Elysée où il résidait : « Demain, tu convoques les ministres des Affaires étrangères, de la Défense, le secrétaire général de l'Elysée, le chef des armées, à 9 heures précises. Tu viens également. » Il était rare qu'un conseiller assiste à une réunion entre le Président et ses ministres. Je fis passer le message la nuit même. La nuit fut courte.

Le lendemain matin, à l'heure dite, tous les convoqués passèrent par le bureau d'Attali, éberlué, qui s'enquit (en vain) de l'affaire qui nous réunissait tous. Mon père nous reçut raide comme un sphinx, fit asseoir tout le monde, moi dans le fond, et rappela ses instructions concernant le Tchad : la ligne rouge, l'intégrité territoriale, que nous n'étions pas en guerre contre la Libye mais contre les troupe libyennes au Tchad, etc. Et : « Au revoir, messieurs. » Plus sec que cérémonieux. En cinq minutes, c'était expédié. La brochette se retira la queue basse, encore sous le choc et toujours ignorant les raisons de ce brutal et matinal rappel à l'ordre. Du moins pour la plupart d'entre eux.

Le soir je revins à son bureau avec le *non-paper*. Je demandai à sa secrétaire, Marie-Claire Papegay, de le déposer sur sa table sans rien lui dire. Elle s'interrogeait : « Il y a un truc ? — Oui, lui répondis-je, dans trois minutes, il est là. » Elle s'exécuta, sourire aux lèvres. Cinq minutes plus tard, mon cher père, un peu raide, arriva et me rendit la note : « Tu es content ? Tu as gagné. » Non, je ne l'étais pas : « J'aurais préféré que tu me croies sur parole, nous aurions évité un esclandre inutile. » Le silence me répondit.

La guerre se durcit. Un Jaguar français fut abattu, un DC 8 d'UTA incendié sur l'aéroport de N'Djamena, et neuf militaires français trouvèrent la mort dans une embuscade. Mon père porta la ligne rouge au 16e parallèle, et le front se stabilisa. En septembre 1984, la France et la Libye annonçaient le retrait simultané de leurs troupes, à l'issue duquel mon père allait rencontrer Kadhafi mi-novembre en Crète, à l'initiative des Grecs. Mais Kadhafi n'avait toujours pas retiré ses troupes. Il avait juste fait semblant. J'appris que mon père décidait de maintenir quand même son voyage. Pour moi c'était de la folie. Je hurlai. Comment faire comprendre ce geste auprès des pays africains, et à l'opinion française : « Nous allons ramer pendant des mois ! » Très calme, mon père me demanda de reprendre mes esprits : « Je vais dire à ce monsieur que je m'apprêtais à un entretien de paix, et lui faire valoir qu'aujourd'hui, je parle à un menteur. » N'empêche, à son retour, il fut obligé de faire une conférence de presse spéciale pour s'expliquer. La presse se déchaîna. Ce n'était pas simple, d'autant que les Libyens, de plus en plus menaçants, faisaient des incursions dans le Sud. La base de Ouadi Doum, construite par les Libyens en territoire tchadien, mettait la capitale tchadienne à la portée de l'aviation de Tripoli.

L'opération Manta fut remplacée par celle de Epervier. Après un incident plus grave que les autres, mon père décida d'engager des représailles et de détruire les pistes de la base de Ouadi Doum. C'était unc opération à grande échelle, dangereuse, les puissantes défenses antiaériennes de la base étaient tenues par des Allemands de l'Est. Le montage de l'opération se fit dans le plus grand secret à partir des bases de Bangui et Bouar, en Centrafrique. Les Jaguars, protégés par des Mirages, devaient faire, en silence radio total et sans couverture radar, deux ravitaillements en vol (à l'aller et au retour) sur plus de trois mille kilomètres de mission. Arrivés à l'aube en rase-mottes, perpendiculairement à la piste, ils détruisirent celle-ci le 16 février ainsi que les installations radar. La nuit fut longue à Paris. Le chef d'escadrille avait instruction, sur le chemin de retour, de rompre le silence radio pour donner par code une idée du résultat de l'opération. Soit 1 : « Tout est parfait » ; 2 : « Il faut attendre le retour pour être sûr » ; 3 : « Nous avons des dégâts ». Il énonça le chiffre « 2 ». Il nous fallut attendre le retour de tous les avions et le rapport des pilotes pour savoir que l'opération avait totalement réussi. Ces représailles portèrent un coup terrible au dispositif libyen. Le conflit tchadien se réglera peu ou prou en 1987, Kadhafi vaincu. En 1990, Hissen Habré devra fuir au Sénégal devant les troupes d'Idriss Déby, ancien allié qui prenait le pouvoir. Toujours maître du Tchad, Idriss Déby vient d'être réélu président de la République à sa manière : ratissage musclé d'opposants et méchantes rumeurs de fraude électorale. Les anciennes victimes d'Hissen Habré essaient de le traîner devant les tribunaux pour torture et crimes de guerre. La justice sénégalaise se déclare incompétente, mais le nouveau président, Me Abdoulaye Wade, lui a demandé de quitter le pays.

Durant le conflit, un soir où je faisais escale en Centrafrique, un jeune légionnaire en permission m'apostropha au Rock Hotel où je prenais un verre, contemplant paisiblement les collines zaïroises de l'autre côté du fleuve « frontière » Oubangui : « Aviez-vous un accord avec les Libyens lorsque les premières troupes de l'opération Manta ont été envoyées au Tchad pour qu'ils ne nous attaquent pas ? me demanda-t-il, ajoutant : Nous n'aurions pas fait un pli avec nos Famas face aux chars et aux avions » me demanda-t-il. Devant ma réponse négative, il s'exclama : « Putain il faut avoir des couilles pour prendre une décision pareille, et en plus on est en train de gagner ! » Je souris : « Non c'est vous qui les avez ! La réputation de la Légion suffisait à équilibrer les forces, le temps que tout le dispositif soit mis en place. » Nous reprîmes un verre pour fêter ça.

L'Afrique du Sud de l'Apartheid et ses répercussions sur les pays voisins, notamment l'Angola et le Mozambique, fut l'autre dossier sensible des Affaires africaines. Embargos, pressions diplomatiques, économiques ou politiques ne faisaient pas beaucoup avancer la cause des Noirs relégués comme citoyens de second plan. La Grande-Bretagne de Margaret Thatcher ne jouant pas vraiment le jeu, le président P.W. Botha pouvait rester accroché à son régime ségrégationniste. Mais pour des raisons de santé, Botha fut obligé de se retirer, laissant vacant un siège présidentiel à plusieurs hypothèses. Qui allait le remplacer ? Un dur, un modéré ? Pendant les présidences par intérim de Chris Heunis et De Klerk, aucune décision importante ne put être prise.

Je rencontrai des diplomates sud-africains venus spécialement de Pretoria pour discuter de l'avenir en point d'interrogation du régime. C'étaient des proches de Frederik De Klerk, présidentiable que l'on subodorait plus ouvert que d'autres à une évolution du système. « Que veut la France pour que nos relations s'améliorent si De Klerk devient Président », me demanda en substance l'un d'entre eux. « C'est simple. Nous l'avons toujours dit : libération de Nelson Mandela, suppression des lois d'exception, liberté de la presse et, bien sûr, élections générales à terme, auxquelles doivent participer tous les Sud-Africains, quelle que soit leur couleur. » La réponse fusa : « Si De Klerk prend la présidence, je vous assure que nous avancerons dans cette direction. Des mesures seront prises rapidement pour décrisper la situation. Mais en ce qui concerne la libération de Mandela et les élections, je ne peux m'avancer sur une date. La situation politique intérieure n'est pas simple, et nous devons en tenir compte. — J'en accepte l'augure, répondis-je, mais on nous a tellement rabâché ce discours qui n'a jamais été suivi d'effets que nous attendons de voir pour vous croire. — Vous n'êtes pas très diplomate, mais vous verrez », m'assura-t-il.

De Klerk devint président de la République en août 1989. Après avoir pris les rênes de son parti, il s'engagea sur la voie de l'ouverture annoncée. Mais l'embargo politique et économique pesait encore sur l'Afrique du

Sud, et nous devions aider De Klerk sans nous afficher ouvertement. Nous gardions le contact, « au noir ».

Le 11 février 1990, Nelson Mandela était libéré. Les Sud-Africains nous en avaient informés quelques jours plus tôt, afin qu'un représentant français puisse être sur place quand le leader de l'ANC sortirait de la prison de Poolsmoor. Jeanny Lorgeoux, alors député PS et membre de la commission des Affaires étrangères, se rendit en Afrique du Sud avec l'accord de mon père. Il était le seul député étranger, avec un Américain, à être présent. C'était un moment historique où la France se devait d'être représentée. A son retour, Jeanny Lorgeoux ne fut pas accueilli sur un tapis de roses par le PS qui lui infligea un blâme pour s'être rendu dans le pays de l'Apartheid malgré le boycott ; surtout après avoir déclaré sur les marches du parlement sud-africain au Cap « que l'on pouvait envisager la levée progressive de l'embargo en fonction des progrès des réformes politiques ». Pavé dans la mare, « sacrilège ! » pour les tenants du dogme socialiste intégriste qui firent une crise de nerfs. Mon père, lui, applaudit à leur barbe.

C'est à la vision politique de deux hommes à la carrure exceptionnelle, Nelson Mandela et Frederik De Klerk, que l'on doit le passage de l'Apartheid à un Etat multiracial. Mandela pour son obstination courageuse, son honnêteté et une ambition sans faille pour son pays. De Klerk pour la révolution intellectuelle qu'il a dû effectuer sur lui-même. Rien dans son éducation politique ni personnelle ne le prédisposait à mener de tels changements. Apparatchik du système, il sut le faire évoluer, et le faire accepter aux Blancs, par voie démocratique.

Quelques semaines avant le référendum par lequel la population blanche allait permettre aux populations noires de voter, et ainsi les reconnaître comme égaux civiquement, je rencontrai, avec le ministre français de la Coopération, M. Jacques Pelletier, le président De Klerk à Windhock. Nous étions réunis pour les cérémonies d'accession à l'indépendance de la Namibie. A la question de savoir s'il pensait que les populations blanches allaient accepter de voter la fin de leurs prérogatives, il me répondit : « J'espère, parce que si j'ai envie d'être réélu, il faut que les Noirs votent. Avec le seul vote des Blancs, je n'ai plus aucune chance... ! »

Lui et Mandela reçurent ensemble le prix Nobel de la paix.

La libération de Nelson Mandela et la fin du régime de l'Apartheid n'étaient pas les seuls sujets de préoccupation en Afrique du Sud. Il fallait aussi calmer le jeu avec les pays voisins, notamment avec l'Angola et le Mozambique. En effet Pretoria alimentait, aidait et même intervenait militairement directement pour soutenir Jonas Savimbi en Angola, ainsi que le mouvement de guérilla au Mozambique, l'ARENAMO. Ce fut l'objet du seul voyage secret que je dus effectuer au cours de mes fonctions à l'Elysée.

Je demandai à Jeanny Lorgeoux de m'accompagner. Ce conclave à huis clos, tenu à la lisière du désert du Kalahari, en août 1989, fut épique, car il rassemblait tous les ennemis en guerre. Du côté sud-africain, Pik Botha, ministre des Affaires étrangères, et le général van Tonder qui organisait le soutien aux rebelles de l'Unita en Angola et de l'ARENAMO au Mozambique ; ce camp était diplomatiquement appuyé par l'émissaire du président ivoirien Houphouët-Boigny, et plus en pointillés par l'Allemagne fédérale représentée officieusement par Me Strauss, fils de l'ancien « taureau de Bavière ». De l'autre côté, le président angolais Dos Santos avait dépêché l'un de ses plus proches collaborateurs, membre de son cabinet, et le Mozambique, son ministre de la Coopération, Jasinto Veloso, ancien pilote portugais qui avait choisi très courageusement le camp anticolonial en désertant l'armée régulière et en rejoignant les partisans de l'indépendance.

M. Jean-Yves Ollivier, homme d'affaires français vivant en Afrique du Sud, avait assuré une bonne partie de l'organisation de cette rencontre. J'avais fait sa connaissance en 1988, peu après la réélection de mon père à la présidence de la République pour son second septennat. J'avais voulu élucider les conditions de libération, du temps de la cohabitation Chirac, d'un enseignant français, M. Albertini, retenu prisonnier dans un bantoustan sud-africain et dont nous n'avions pas été informés. Cette libération était inscrite dans le cadre d'une négociation plus large d'échanges de prisonniers entre l'Afrique du Sud, l'Angola et les Cubains. Echaudé sur les conditions de la libération des otages du Liban, survenue à la même époque, quelques jours avant le second tour des présidentielles de 1988, nous voulions savoir si toutes les promesses françaises étaient connues du nouveau gouvernement socialiste, et respectées. Bien que de droite et proche de Michel Roussin, Jean-Yves Ollivier avait parfaitement joué le jeu au nom de la continuité de l'Etat sans jamais demander quoi que ce soit en échange. J'allais d'ailleurs avoir l'occasion de le recroiser dans la crise comorienne après la mort du président Abdallah.

Le voyage nous donna un avant-goût de ce que nous allions vivre. L'avion du GLAM nous posa à Maputo, où le président Chissano nous reçut officiellement. Le lendemain, une promenade prévue en avion à hélices, dans les îles du Mozambique, se transforma dès que nous fûmes hors de portée des radars, en un voyage cap au sud pour une base militaire sud-africaine où nous changeâmes d'avion en bout de piste, contre un jet plus rapide qui nous débarqua non loin des frontières du Botswana et de la Namibie. Là, un hélicoptère nous achemina au bout du monde dans une ferme de quatre-vingt mille hectares clôturés, véritable réserve d'animaux sauvages, appartenant à un Sud-Africain d'origine bavaroise.

Situation paradoxale, dans ce no man's land de liberté au milieu de nulle part, îlot sauvage qui semblait être préservé des turbulences du monde, nous discutâmes pendant trois jours de la façon dont devaient être gérés les blocages internes de l'Afrique du Sud, et du problème de ses frontières et de la région. A l'issue de ce marathon, nous obtînmes de l'Afrique du Sud qu'elle cessât d'alimenter toutes les rébellions autour de son glacis protecteur, et sorte enfin de son ghetto diplomatique, politique et militaire.

Le deuxième soir, après dîner, devant l'immensité du désert et du ciel étoilé, Pik Botha se lança dans une tirade lyrique, clamant que « l'Afrique, notre mère, était une terre de fraternité ». Le lendemain, il récidiva, appelant « brothers » ses ennemis angolais et mozambicains, et, me prenant à témoin de ces pourparlers de paix, il asséna : « Tu es notre conscience morale. » La soirée fut longue. Il la ponctua en lisant mon avenir dans un jeu d'ossements comme le font les sorciers tswanas. L'avenir, nous l'avions entre nos mains. Autour d'un brasero, Pik Botha et notre hôte bavarois en tenue tyrolienne se mirent à danser, le nez dans les étoiles, pour fêter la disparition des frontières.

Pendant ce temps, le ciel s'assombrissait aux Comores. Plusieurs mois avant sa mort, le président Ahmed Abdallah me reçut dans son petit appartement parisien. Modeste, celui-là. Rendez-vous de routine pour ma part, aucun dossier particulier n'étant en souffrance, si ce n'est la garde présidentielle dirigée par Bob Denard et ses mercenaires, financée par l'Afrique du Sud. C'était une décision souveraine des Comores, et jamais mon père n'en avait fait une situation de blocage, mais elle desservait la réputation, en Afrique et ailleurs, de ce petit archipel. Je n'avais jamais été chargé de lever officiellement la question Denard avec le Président. Tout à coup, il aborda le sujet et me dit : « J'ai l'intention d'arrêter le contrat qui me lie à Bob Denard et aux mercenaires, mais je ne peux pas couper la tête de la garde présidentielle sans préparer la relève de son encadrement. Au cas où je prendrais cette décision, la coopération française est-elle prête à prendre en charge son encadrement ? » Je ne m'attendais pas à une question aussi précise. Aucun dossier n'existait à ma connaissance sur cette question.

Je fis une réponse de circonstance : « Je ne suis pas habilité à vous répondre, cela dépend du Président et des ministres concernés. Je vais lui faire part tout de suite de votre souhait. » Dès mon retour, je rédigeai une note de quelques lignes. Elle me revint le jour même avec la mention « oui ». Au téléphone, mon père ajouta : « J'en parle avec les ministres concernés. » Je fis donc connaître l'accord de principe de la présidence au président Abdallah, en insistant sur le fait que nous devions attendre l'annonce officielle de sa propre décision de se séparer des mercenaires, ainsi que sa demande expresse auprès de la Coopération française, pour agir. Il semblait soulagé, malgré la prudence de nos engagements, et ajouta : « Maintenant il faut que j'en parle aux Sud-Africains. »

Le dossier entra dans la moulinette administrative et financière en attendant la décision officielle du président Abdallah que nous gardions secrète. Ô surprise, le 26 novembre 1989, nous apprenions que le président Abdallah et son garde du corps étaient assassinés au cours d'une entrevue orageuse avec Bob Denard et deux de ses adjoints, à propos de l'avenir de la garde présidentielle.

Bob Denard prenait le pouvoir de fait dans le pays. Il fallait gérer la crise de succession. Pretoria, à la recherche d'une certaine respectabilité internationale en cette période d'évolution de l'Apartheid, agit dans le même sens que nous, encourageant un départ pacifique des « mercenaires ». Après plusieurs semaines de négociations, nous obtenions le départ volontaire pour l'Afrique du Sud de Bob Denard et de ses hommes.

Je n'ai jamais su d'où avaient pu venir les fuites, mais il y avait trop d'intervenants dans cette affaire pour que la décision du président Abdallah de se séparer des mercenaires pût rester secrète.

Je n'ai jamais eu l'occasion de croiser Bob Denard, en revanche je m'étais rendu quelquefois à Moroni, la capitale des Comores. Le président Abdallah, ancien sénateur français, était un hôte agréable. Je me souviens de ces dîners officiels en plein air, dans les jardins de la présidence, à Moroni, où, après le café, le Président se mettait à danser au son de l'orchestre, distribuant quelques billets ou des petites bananes venant de sa propriété aux hôtes qu'il voulait honorer, comme le veut la tradition. Son train de vie n'était pas ostentatoire et il avait des ambitions modestes. Mais le président Abdallah avait une marotte qui tournait à l'obsession : le retour de l'île de Mayotte dans le giron comorien. Cette dernière avait voté en 1976 pour son maintien dans la République française, à l'inverse des trois autres îles de l'archipel, la Grande Comore, Mohéli et Anjouan, qui obtinrent leur indépendance en 1974. A chaque occasion il nous demandait de rendre la « quatrième patte au mouton comorien ». Il ne pouvait se résoudre à cette soustraction, même si Mayotte avait choisi démocratiquement sa destinée.

Assurer la sécurité des hommes d'Etat en Afrique était une couronne d'épines. Les coups d'Etat, les putschs, les guérillas nous donnaient du fil à retordre à chaque visite officielle du président de la République. Lorsque l'ancien président du Cameroun, Ahmadou Ahidjo, démissionna pour raison de santé, son Premier ministre, Paul Biya, lui succéda. Mais les relations se dégradèrent vite entre les deux hommes, et l'ancien président, qui s'était retiré chez lui dans le nord du pays, fut soupçonné de vouloir reprendre le pouvoir par la force. Cette menace de coup d'Etat coïncidait avec la visite officielle de François Mitterrand au Cameroun.

J'arrivai à Douala quelques heures avant mon père. La sécurité française était sur les dents, vérifiant jusqu'aux chargeurs des armes de la garde d'honneur pour s'assurer qu'ils étaient bien vides, quelques minutes avant le passage des deux Présidents. La visite s'était achevée dans un calme souverain, et nous avions même réussi à faire asseoir autour d'une même table Ahidjo et Biya pour tenter de désamorcer la crise. Plus tard, après une tentative de coup d'Etat, l'ancien président fut de nouveau poursuivi et condamné par contumace. Il finira sa vie en exil au Sénégal.

La visite officielle à Bangui, après le sommet franco-africain de Bujumbura, fut aussi à haut risque. Les services de sécurité craignaient une action libyenne, l'armée française lui faisant face au Tchad, et Bangui lui servant de base arrière. Depuis plusieurs jours, les mouvements des Libyens étaient surveillés de près, notamment leurs « diplomates » et leurs sympathisants centrafricains. Le colonel Jean-Claude Mention, patron de la garde présidentielle, surveillait les préparatifs du haut de son mètre quatre-vingt-dix, un peu dégingandé, le talkie-walkie greffé à l'oreille à l'écoute de ses hommes, et de « Soleil », le code du président Kolingba. Le Concorde se posa en retard à l'aéroport de Bangui M'Poko, en provenance de Bujumbura, et nous fûmes obligés de traverser la ville en liesse au crépuscule. La nuit tombe vite en Afrique, à la grande terreur des agents de la sécurité.

Le lendemain, dans les jardins de la présidence, était organisé le grand dîner de gala. Le tout-Bangui était présent. Deux ou trois heures avant la soirée, je jetai un dernier coup d'œil aux préparatifs avec le colonel Mention. A la table officielle, je remarquai que le protocole était un peu bousculé et qu'un ministre centrafricain réputé très proche des Libyens était surclassé par rapport à son rang, et se trouvait tout près de mon père. J'interrogeai le colonel qui, avec une implacable logique, me répondit : « Il est très proche des Libyens, c'est vrai. Si quelque chose doit se passer, il sera aux premières loges, et sautera avec votre père. Mais comme ce n'est pas un kamikaze, le vrai danger c'est qu'il ne vienne pas. S'il se décommande, on annule tout. » Il vint, il n'y eut aucun incident, et mon père esquissa quelques pas de danse avec Mme Kolingba à la fin du dîner. Tandis que mes yeux restaient fixés sur le ministre centrafricain « pas kamikaze »...

9

AFRIQUE QUI RIT, AFRIQUE QUI PLEURE

La terrible situation économique de bon nombre de pays africains les empêche d'appliquer une politique d'Etat de solidarité minimale, concernant l'enseignement, la santé, l'énergie... En Afrique, c'est l'ethnie qui prend en charge les pauvres. Si l'ethnie s'appauvrit, c'est la tribu, et comme chaque tribu est l'ennemie de l'autre... Et ce qui est vrai pour l'Afrique de l'Ouest est aussi vrai pour le Rwanda, le Burundi et l'ex-Zaïre.

L'autre faiblesse significative est la redistribution du pouvoir. Quand on prend le pouvoir, on l'empoche. Quand l'ethnie prend le pouvoir, elle le redistribue à ses membres. Et ce ne sont pas forcément les ethnies majoritaires qui sont les plus puissantes. Le système fermé de l'ethnie lui permet de garder le pouvoir plus longtemps.

Depuis trente ans que je traîne mes guêtres en Afrique, la situation politique, mais surtout économique, s'est considérablement dégradée. Ces pays se sont régulièrement appauvris. Le coût de leurs matières premières comme le cacao a chuté. Ces facteurs d'appauvrissement, ajoutés à une mauvaise gestion de la pénurie, font plonger les économies qui ne doivent principalement leur survie qu'aux aides financières de tous les organismes internationaux, FMI, Banque mondiale, etc. On écrase la dette ? Ça recommence aussi sec.

Certains sont meilleurs élèves que d'autres dans la peine et la douleur. L'expérience marxiste-léniniste a été plus fatale à tous les pays qui l'ont pratiquée. Sekou Touré a mis la Guinée par terre. Le Bénin (laxiste-béniniste) est KO debout et ne survit que par le trafic vers le Nigeria. Le Congo-Brazzaville surnage grâce au pétrole. L'Angola n'en finit pas depuis vingt ans de guerroyer et remporte la palme du pays miné. La période des colonels rouges a saigné l'Ethiopie à blanc.

Tous ces pays n'ont acquis une indépendance que depuis une quarantaine d'années, parfois moins. Après trente ans de stagnation, la nouvelle génération qui veut arriver au pouvoir rue dans les brancards. Ils sont l'espoir de leur pays, car les mentalités sont en train de changer. Cadres, hommes d'affaires, ils investissent davantage chez eux que les anciens qui n'hésitaient pas à faire prospérer leur fortune sur des comptes en Suisse.

Au contraire, les nouveaux venus créent des entreprises sur place, favorisent le transfert des technologies et du savoir. Ils croient en l'avenir de leur pays et n'entretiennent plus ces rapports incestueux avec les anciens colonisateurs. Ils préfèrent penser en termes de partenariat plutôt que d'africanisation. Ce développement économique par les élites africaines ne peut s'implanter que dans un environnement stable. Et les guerre régionales ont malheureusement tendance à se multiplier. Le Mali, le Ghana, le Gabon, le Botswana donnent des signes de relative bonne santé économique avec un pouvoir politique qui bénéficie d'une paix relative. Mais ils restent à la merci d'une chute des cours de leurs matières premières. Et les grandes décisions ne se prennent pas chez eux, mais sur les grandes places financières de Londres, Chicago ou New York. Il est difficile de prévoir le budget de son pays en ne pouvant évaluer sérieusement le niveau de ses recettes d'exportation.

Malgré une coopération puissante et riche, la France

a augmenté son aide au développement jusqu'à presque 0,7 % de son PNB au cours du second septennat de mon père (1988-1995) selon la directive donnée par l'ONU. Très peu de pays développés ont fait de même, à l'exception des pays nordiques.

Malheureusement la dégradation des termes de l'échange — on achète les matières premières de moins en moins cher et on vend les produits finis de plus en plus cher — met à mal les économies de tous les pays africains. Les budgets de coopération ne suffisent plus et sont de plus en plus utilisés pour soulager les finances publiques (remboursement de la dette, paye des fonctionnaires) au lieu d'être attribués au développement du pays en difficulté. Ce ne sont plus des aides de coopération, de développement, mais de substitution. Une réflexion au passage : si les prix d'achat au paysan africain du cacao ou du café ont baissé de moitié ces vingt dernières années, comment se fait-il que les prix de l'express sur le zinc ou de la tablette de chocolat chez l'épicier n'ont fait qu'augmenter ?

Depuis quelques années la France a diminué son aide directe au développement en Afrique de près de 50 %, préférant mettre l'accent sur les aides internationales du FMI ou de la Banque mondiale.

Le rapport entre les pays riches et les pays pauvres est encore empreint de néocolonialisme. Acheter des matières premières au plus bas, les transformer en Europe ou ailleurs et les revendre au plus haut, c'est la politique du pot de fer contre le pot de terre. La politique du mépris. On admet qu'en Afrique le travail vaille zéro. Il y a pire encore. Acheter les matières premières au plus bas, les faire transformer dans d'autres pays pauvres à très faibles salaires (Asie ou ailleurs), et les vendre à des prix prohibitifs pour le plus grand profit des investisseurs des pays développés. Tous les pays pauvres sont lésés sur le plan des recettes d'exportation et de la rémunération de l'emploi. Alors que tous les pays développés y ont à gagner. Recettes d'importation pour l'Etat, taxes, et développement important des intérêts des groupes financiers au détriment de l'emploi. C'est un cercle vicieux infernal, et le débat pour savoir si la mauvaise santé endémique de ces pays est due à la corruption de ses élites me paraît verser dans une démagogie déculpabilisatrice pour les pays riches. La corruption existe évidemment, mais je ne pense pas qu'elle soit l'unique raison de l'appauvrissement général des populations du Sud. Il n'est pas si facile de détourner les budgets de la Coopération !

Ces pays sont souvent des sociétés agraires. D'où viennent les engrais, les semences, les produits phytosanitaires, les machines les plus simples (pompes ou tracteurs) ? Combien sont vendus les produits agricoles dont les prix sont en baisse permanente, alors que même en Europe ou aux Etats-Unis ils sont subventionnés ? Il arrive que la marge qui devait revenir à l'agriculteur soit négative, même si le coût de la main-d'œuvre est ridiculement bas ! Il est parfois préférable d'importer les produits de base, nourriture, tissus ou énergie que de les produire sur place.

Pour faire face à un tel déséquilibre, ces pays ont recours à l'endettement systématique, sachant très bien que, si les termes de l'échange ne s'améliorent pas, ils seront dans l'impossibilité de rembourser, n'ayant jamais le temps nécessaire de se constituer une cagnotte. Devant la pression permanente des organismes internationaux, ils remboursent en retard et insuffisamment. Les intérêts augmentent, et ils s'enferment dans un engrenage infernal. Pendant des années, les flux financiers entre l'Afrique et la Banque mondiale ont été en faveur de la Banque mondiale. L'Afrique est d'une certaine manière son meilleur client. Et son plus profitable en termes d'intérêts négociés.

Le Sénégal produit du sucre. Or le sucre importé, souvent subventionné par les Etats producteurs, est nettement moins cher que le sucre sénégalais. Pour éviter qu'il fasse concurrence au sucre national, il est fortement taxé. Mais les frontières ne sont pas étanches, et le trafic est important. On trouve donc à Dakar ou ailleurs du sucre importé en fraude moins cher que le prix de revient du sucre sénégalais. Pour le profit de qui ? Certainement pas pour celui des milliers d'employés et leurs familles qui travaillent chez les sucriers producteurs.

Le président Houphouët-Boigny avait reconnu qu'il avait fait une grave erreur lorsque les prix du cacao étaient au plus haut. Au lieu d'investir dans la transformation de cette matière première sur place, et de déplacer la plus-value dans son pays afin que son pays profite de cette manne au long cours, il avait préféré alors orienter les finances de l'Etat, qui étaient en bonne santé, vers le développement des infrastructures du pays et la modernisation de la capitale. C'était malheureusement mettre la charrue avant les bœufs. Quand il s'en est rendu compte, il était trop tard, le train était passé, les cours s'étaient effondrés, et les moyens manquaient pour lancer une nouvelle politique industrielle. Il n'avait malheureusement pas réussi à inverser le rapport économique colonial : vends ta matière première, on te vend les produits finis.

Quelle évolution depuis vingt-cinq ans ? Le nombre de conflits a augmenté, les économies se sont détériorées. Les pays donnés en exemple comme la Côte-d'Ivoire ont connu des coups d'Etat et des conflits ethniques qui ne sont pas encore terminés. L'Afrique centrale est à feu et à sang. L'Afrique de l'Est ne vaut guère mieux avec la Somalie qui ne se remet pas de l'opération américaine « Restore Hope », et dont le Somaliland s'est séparé, les guerres entre l'Ethiopie et l'Erythrée, et ne parlons pas du Soudan déchiré par ses conflits religieux séparatistes et ravagé par la famine. La démocratie réclamée à cor et à cri par le monde développé a-t-elle renforcé la légitimité des Etats africains ? Il m'arrive d'en douter. En Centrafrique, l'Etat est quasi inexistant, au Congo-Brazzaville le dernier conflit s'est terminé dans une guerre civile abominable, et le président Sassou Nguesso a toutes les peines du monde à le remettre en marche, la Côte-d'Ivoire, à tout moment, peut sombrer dans des conflits ethniques dévastateurs. L'Afrique du Sud devra faire ses preuves dans la durée, mais le post-apartheid économique est difficile. La dégradation de la situation peut conduire à des débordements majeurs des populations noires désabusées.

En conclusion je pense que le développement et la hausse du niveau de vie, aussi faibles et lents soient-ils, sont beaucoup plus utiles à la démocratie que l'inverse. Si la démocratie n'apporte pas immédiatement une amélioration du niveau de vie, elle sera rejetée car elle sera synonyme d'appauvrissement et de malheur. Le risque existe.

10

LES ACCROCS DE LA COHABITATION

La cohabitation fut moins préjudiciable pour moi que l'influence des caciques en expertise du PS. Croc-en-jambe ne vaut pas mise à mort.

Il est difficile d'évoquer l'Afrique sans parler de Jacques Foccart. De retour aux affaires lors de la première cohabitation (1986-1988), l'ancien conseiller du général de Gaulle revenait sans grande conviction. Fatigué, parfois dépassé. J'ai eu le sentiment que, s'il connaissait sur le bout des doigts et de la langue l'Afrique francophone, il ignorait l'autre. Volontairement ou pas. Sa mission avait été celle de la décolonisation *amicale* franco-africaine, et la route avait été longue. Les temps avaient changé, mais il faut parfois une vie pour un combat, qu'il soit bon ou mauvais. L'avenir jugera.

Je n'avais reçu aucune instruction (comprenez : venant de mon père) visant à lui faire barrage ou à m'ingérer dans son pré carré. Pas plus que je n'avais à me mêler de ce qu'on appelle les réseaux Pasqua en Afrique. Il était bien clair que mes responsabilités ne concernaient que les relations franco-africaines et jamais des conflits franco-français, même s'ils passaient par le continent africain. Le vieux Foccart me marquait néanmoins à la culotte. Quelques mois après la nomination de Jacques Chirac comme Premier ministre, Foccart demanda à me voir. Je revenais d'une mission en Centrafrique où il s'était rendu quelque temps plus tôt. Son bureau, qui se trouvait dans un immeuble en face de Matignon, était bien plus modeste que le mien, un peu sombre aussi. Il collait avec l'image de cet homme de l'ombre. Il me fit avec beaucoup de courtoisie un compte rendu détaillé de ma mission en Centrafrique, jusqu'au moindre de mes propos. Je lui fis part d'informations que je tenais de sa visite à lui, dans les mêmes termes et avec un souci pointilleux du détail. Nous étions quittes. Nos contacts, ténus, restèrent néanmoins cordiaux. Tout aussi cordiaux mais plus fréquents furent ceux que j'entretins avec ses adjoints dans le cadre de l'organisation et du programme des visites officielles du chef de l'Etat et du Premier ministre.

La dernière image que je garde de Jacques Foccart est celle d'un homme plutôt déprimé et isolé. Jacques Chirac avait été élu président de la République, je n'étais plus aux Affaires africaines depuis plusieurs années. Le président Paul Biya, du Cameroun, m'invita par amitié à venir le saluer à l'hôtel Crillon. Je croisai Jacques Foccart, seul et las, qui attendait aussi d'être reçu. Je m'assis à ses côtés pour lui tenir compagnie. Cet homme n'avait jamais connu que l'honneur des antichambres. Cette succession d'attentes et de retraits aura été sa vie. Il était temps pour lui de se mettre au centre quand la dernière antichambre est celle de la mort. Peut-être, en prenant place près de lui, avais-je en tête mon père dont la santé déclinait.

Bien qu'habillée de bonnes manières, cette première cohabitation ressemblait à Verdun, chacun dans sa tranchée. Les infos qui arrivaient des ambassades étaient filtrées. Il y eut quelques aboiements. Chacun défendant sa meute. Je passe sur les licenciements abusifs de quelques chefs de mission du ministère de la Coopéra-

A sept ans.

Premier communiant,
place Saint-Sulpice.

1965. Chez mes grands-parents à Cluny (mon frère Gilbert, moi, ma mère).

A dix-sept ans.

Château-Chinon, hôtel du Vieux-Morvan, 19 décembre 1965 : anniversaire de mes dix-neuf ans et second tour des présidentielles contre de Gaulle.

Fontainebleau, à l'époque du lycée François-Ier. Partie de cartes au café.

1965. Soirée familiale rue Guynemer (moi, mon père, Gilbert et ma mère).

1965. Toulouse. Meeting de campagne (Georges Beauchamps, le candidat et moi).

1965. Rue Guynemer, soirée électorale contre de Gaulle.

Ci-contre :
1969. Dans le patio de la villa d'Hossegor,
avec mes parents et le chien Lip.

En bas à gauche :
1972. A Latch, avec mon frère Gilbert
et mon père.

Ci-dessous :
1969. Hossegor.

1974. En pleine campagne présidentielle, au QG du candidat.

1974. En vacances à Latch, avec Noisette.

1970. Au kibboutz Kfar Hanassi (Isräel), où j'ai passé six mois.

1976. Correspondant de l'AFP à Nouakchott (Mauritanie).

1976. Toujours à Nouakchott, où mon père se rendait pour la première fois.

1976. En famille à Nouakchott, avec ma femme Elisabeth et son fils William.

1976. Sous la tente à Nouakchott (Elisabeth, 3e à gauche, Gilbert Valette, moi, ma mère , Ahmed ould Daddah de profil).

Mission au Zaïre. En bateau sur le fleuve, avec Mobutu et Jeanny Lorgeoux, député-maire de Romorantin-Lantenay.

En haut à gauche : arrivée de Kim Il-sung à Nouakchott : Kim Il-sung, moi, Moktar ould Daddah et sa femme Myriam (journal *Chaab*).

Ci-contre : Nouakchott. Interview de Kim Il-sung, avec l'aide de l'interprète (journal *Chaab*).

En haut à gauche :
au Zaïre, pêche au poisson-chat dans un étang.

En bas à gauche :
dans le Concorde entre Bujumbura (Burundi) et Bangui, avec André Kolingba, président de la République Centrafricaine.

Dîner officiel à Moroni. A ma gauche, Ahmed Abdallah, président des Comores.

Sommet de Bujumbura (Buyoya, président du Burundi, mon père, Bongo, président du Gabon, Siad Barré, président de la Somalie).

1986, Noël à l'Elysée. Mon fils Adrien a deux ans et demi.

Eté 2000. Pierre Falcone.

tion, à l'arrivée de la nouvelle équipe. D'aucuns jugent que c'est de bonne guerre, moi je trouve le procédé injuste et scandaleux, quel que soit le camp que l'on défend. Le premier accroc sérieux arriva en 1987.

Notre marge de manœuvre à la cellule africaine était limitée par les gesticulations de la droite sous la conduite de Jacques Foccart rappelé aux affaires par Chirac. Comme je l'ai souligné, les notes et télégrammes en provenance des ambassades étaient filtrés. En voici un, en provenance du Congo-Brazzaville, qui était passé à travers les mailles du filet, et que je lus attentivement. Surtout son post-scriptum, indiquant que l'avion était rentré. Quel avion, nom de Dieu ? J'interrogeai discrètement des amis au Quai d'Orsay. A ma grande surprise, ce télégramme n'était que le énième d'une longue série qui ne m'étaient jamais parvenus. Que disaient-ils ? Pour mater un début de mutinerie dans une caserne du nord du pays que l'armée congolaise avait du mal à contenir, le Premier ministre, Jacques Chirac, avait décidé, seul, d'envoyer un avion de transport militaire avec quelques officiers de la DGSE à bord « en accompagnement » pour aider au transport des troupes loyales. La mutinerie matée, l'avion français revenait. Mon père, chef des armées, n'avait pas été informé de cette opération. S'ensuivit un échange de courriers aigres-doux entre le Président et son Premier ministre, qui s'acheva par une explication en tête à tête entre les deux hommes, pour une mise au point claire et définitive.

Mon père était ambivalent au sujet de Chirac. Il admirait sa force de caractère, mise au service d'une formidable ambition. Deux traits dans lesquels mon père se retrouvait. Mais il jugeait l'homme imprévisible, et il avait du mal à le suivre dans ses raisonnements politiques. Leurs affrontements le stimulaient, et ils ne l'empêchaient pas de le trouver chaleureux et sympathique.

A l'issu du fameux débat entre les deux tours de la présidentielle de 1988 qui les avait opposés, nous étions partis déguster un plateau d'huîtres au « Pichet », rue Pierre-Charron. Il y avait Fabius, Lauvergeon, Lang, Bianco, ma tante Christine, Roger Hanin, etc. Mon père était exténué comme un boxeur après quinze rounds. Tout le monde le félicitait, s'exclamant sur l'excellence de sa prestation, « bien supérieure à celle de Chirac ». Mon père avoua qu'il avait trouvé le combat difficile, Chirac étant un très bon débatteur lui-même. C'est d'ailleurs ce qu'il aimait dans Chirac, le goût du combat.

Je n'ai que rarement rencontré Jacques Chirac. Je le connaissais bien avant qu'il mette un visage sur mon nom. Lors du sommet franco-africain de Lomé de 1986, il avait fallu départager qui, du président de la République ou du Premier ministre — qui voyageait de son côté en compagnie du président du Congo, Denis Sassou Nguesso, également président de l'Organisation de l'Unité Africaine (OUA) — atterrirait le dernier dans la capitale togolaise. Il était impensable protocolairement que le Premier ministre ne soit pas sur place pour accueillir le président de la République. Mais l'avion dans lequel se trouvait M. Jacques Chirac avait du retard. Mon père a dû attendre dans les airs que l'avion de MM. Chirac et Sassou Nguesso se pose pour atterrir à son tour.

Mon père rejoignit donc sur le tarmac Houphouët-Boigny, Eyadema, Sassou Nguesso et Chirac. Les cinq hommes furent entraînés dans la salle réservée aux chefs d'Etat, tandis que je patientais avec les autres invités dans le grand salon d'honneur. A un moment, une employée ouvrit la porte de la salle où discutaient nos édiles. Eyadema m'aperçut et m'interpella : « Christophe, viens nous dire bonjour ! » Je rentrai avec ma petite sacoche et mon costume froissé par six heures de vol. Ils étaient tous assis en rang d'oignons face à la porte. Je saluai Eyadema, puis Houphouët pratiquement aveugle à cause de sa cataracte. Salut de tête à mon père. Vint le tour de Sassou : « Ah ! Christophe, comment vas-tu ? » Je lui donnai rapidement de mes nouvelles. Je me tenais maintenant devant Chirac que je m'apprêtais à saluer. Avant que j'eusse eu le temps de prononcer le moindre mot ou d'esquisser le moindre geste, il se leva comme un diable et me tendit la main avec un grand sourire : « Jacques Chirac, Premier ministre. » Cela ne m'avait pas échappé. Alors je lui répondis assez confus, sous le regard goguenard de mon père : « Jean-Christophe Mitterrand, conseiller pour les Affaires africaines. » Et je retournai prendre une coupe avec la piétaille...

11

MESSIEURS, LA COUR !

Pendant la présidence de mon père, nous avions l'habitude de dîner en famille presque tous les dimanches, rue de Bièvre au début de sa mandature, et plus tard à l'Elysée. Famille élargie aux amis de mon père où se côtoyaient entre autres Jack Lang, Georges Kiejman, Louis Mermaz, Laurent Fabius... Ces dîners, que ces messieurs me pardonnent, étaient souvent prétextes à pressions et lobbyings, pour défendre des intérêts privés. Mais il n'était pas rare que les invités de mon père prétendent défendre également les intérêts de la France en donnant leur avis sur des nominations en charge de l'Etat. Chacun avançait ses pions. J'ai entendu l'un d'eux, un soir, s'évertuer à tracer pour mon père le portrait du parfait nouveau patron des chaînes publiques de la télévision. Il pensait, sans le nommer, à Gomez. Mais la description qu'il en faisait aurait pu aussi bien désigner Bouygues qui venait de *remporter* la première chaîne. Je lui en fis gentiment la remarque pour m'amuser. Ce qui fit sourire mon père, et surtout nous permit de changer de conversation. Mon père faisait souvent mine d'écouter, plus qu'il n'écoutait vraiment, les opinions des uns et des autres. C'était un passage obligé. Il connaissait le cœur des hommes et leurs ambitions, et leur accordait volontiers la grâce d'un intérêt qui n'était pas toujours feint, même si c'était pour débattre de questions dont la décision leur échappait. Car ces dîners étaient d'abord des dîners de l'amitié avec des airs de fête, où nous riions beaucoup. Il aimait particulièrement les histoires drôles de Roger Hanin et surtout la manière dont il les racontait. Certaines étaient devenues des morceaux de bravoure comme celles de « Mistoufle » ou « les chemises lilas », et entraînaient des fous rires inextinguibles chaque fois. Roger les raconta d'ailleurs lors du dernier nouvel an. Elles firent encore leur effet, même si le cœur n'y était pas vraiment.

La littérature tenait une place à part. Il était plaisant de constater qu'à travers les romans ou les auteurs qu'ils aimaient ces hommes et ces femmes racontaient leur propre vie. Ils croisaient leur destin avec ceux des héros sur papier, épiques ou romanesques, ainsi que leurs amours, leurs désirs, leurs combats, et tous leurs chemins de traverse.

Mon père était amateur de cinéma. Il aimait arbitrer et même provoquer des matches entre Roger Hanin et Georges Kiejman en les interrogeant sur ce qu'était devenue telle ou telle starlette d'après-guerre.

Le sport était un de ses autres terrains de prédilection. Imbattable sur le cyclisme et le football, il connaissait les trois premiers arrivés du tour de France depuis sa création. Les pronostics allaient bon train à la maison, sur le championnat de France de football, entre mon père, mon frère, Roger Hanin et sa femme Christine, qui est une véritable passionnée, même de la D2. Où qu'il soit, même au bout du monde, à la veille de chaque Championnat du monde de cyclisme sur route, mon père appelait systématiquement mon frère pour faire son pari. Une âme de bookmaker, vous dis-je. Je ne m'impliquais guère dans ces conversations, n'étant pas très fanatique de ces sports, je me faisais traiter d'ignare et récoltais les mauvais points. Je ne savais même pas dans quel club se produisait Platini ou une autre star du ballon rond. Et toute honte bue, je m'en fichais.

La musique faisait partie des sujets favoris de mon père, dont les goûts, très éclectiques, pouvaient surprendre. Dans son panthéon personnel se côtoyaient aussi bien Brel que Sheila ou Vanessa Paradis. Mais c'est sur l'histoire qu'il demeurait imbattable et le plus cultivé. Il connaissait jusqu'au nom de l'arrière-petite-cousine de Louis XIII, et bien sûr sa vie, son œuvre. Lors d'un déjeuner pour l'anniversaire de mon fils Adrien, dans le Gers, au mois d'août, j'avais invité M. Samaran, plus de quatre-vingt-dix printemps et membre de l'Institut. Pendant le repas traditionnel sous les marronniers au menu invariable, foie gras et écrevisses, face à la campagne gersoise écrasée de chaleur, il reprit mon père sur la lignée que celui-ci avait attribuée à un membre de la famille de François Ier ou Henri IV, je ne me souviens plus. Il fallait vérifier : dictionnaires et encyclopédies (nous n'avions pas encore l'Internet) à la rescousse. Pour la première fois, sa mémoire l'avait trahi, il s'était trompé sur le lignage de la royale famille. S'il en a été vexé, il n'en a rien montré.

Curieusement je n'ai pas vécu la même soirée que décrit Georges-Marc Benamou dans son livre [1] à propos des fameux ortolans qu'ils auraient goulûment mangés le dernier réveillon du jour de l'an, quelques jours avant sa mort. Pourtant j'y étais, mais je n'avais pas à écrire un livre sur « Moi et Mitterrand ». Premièrement son intrusion à cette soirée familiale et amicale avait déplu à mon père. G.-M. Benamou n'était pas invité, mais il accompagnait Pierre Bergé qui, lui, était attendu. Lorsque ma mère l'a prévenu, je l'ai entendu marquer son agacement mais accepter le fait accompli par amitié pour Pierre Bergé. Contrairement à ce qui a été encore

1. *Le Dernier Mitterrand*, Plon, 1997.

écrit, il a relativement peu mangé, même si les huîtres et les ortolans étaient ses mets préférés ; et il est parti se coucher relativement tôt. Il se déplaçait seul, et refusait d'être aidé. Il détestait se montrer affaibli devant autrui, fussent-ils ses amis. Durant toute la soirée, il est resté assis dans un fauteuil à côté de la table des ripailles. Chacun son tour, on venait lui tenir compagnie et manger un bout avec lui sur une table basse. Il préférait parler, il chuchotait presque, plutôt que de manger. Il n'en avait plus la force, ni même peut-être l'envie. Un peu avant minuit, je l'ai ramené jusqu'à sa chambre-bergerie située à une vingtaine de mètres du bâtiment principal. Au moment de passer la porte, il s'est naturellement retourné vers les invités, et s'est attaché à fixer son regard sur chacun d'eux et leur a simplement adressé un « au revoir » qu'il savait être un adieu. La plupart des invités ne l'ont pas revu vivant. Il s'est ensuite appuyé sur mon bras pour ne pas glisser, l'herbe étant humide et le terrain en pente. Mon fils Adrien, qui avait treize ans, marchait à nos côtés. Mon père lui a caressé les cheveux, geste totalement inhabituel chez lui, en lui disant « à bientôt »...

C'est vrai, sa santé s'était terriblement dégradée, mais il faisait encore bonne figure et ne donnait aucun signe de « fatigue intellectuelle ». Durant les semaines qui avaient précédé les fêtes de fin d'année, malgré la gravité de son état, il continuait à organiser sa vie, à faire des projets, lire, écrire. Il avait prévu de partir en Egypte pour Noël avec Mazarine et sa mère, à Assouan, et de nous rejoindre comme d'habitude à Latch pour le nouvel an. Bien sûr, son médecin, Jean-Pierre Tarot, lui avait déconseillé le déplacement, et mon père sentait que les forces lui manquaient pour partir à la date prévue. Il me demanda mon avis en insistant sur le fait que le climat local, chaud et sec, lui faisait en général beaucoup de bien. « Si tu sens le besoin de retarder ton départ pour l'Egypte, n'hésite pas. Nous pouvons décaler le dîner de nouvel an à Latch d'une semaine, si ça te facilite les choses, lui ai-je répondu.

— Si cela ne te gêne pas, ni ta mère ni ton frère, c'est peut-être ce que je vais faire ! »

Et puis nous avons parlé de l'organisation du dîner, des huîtres à commander au restaurant « Le Pichet » dont il considérait les « spéciales N° 2 » comme les meilleures de Paris. « Et tu nous trouves des ortolans, comme d'habitude », insista-t-il. Pas facile de trouver ces petits oiseaux, mais il en raffolait lorsqu'il en dégustait chez ses amis landais. Henri Emmanuelli, comme c'était souvent le cas, réussit à en dénicher quelques-uns dans les Landes, mais pas assez pour tout le monde.

Finalement, il décida d'effectuer son voyage en Egypte et de maintenir le calendrier habituel. Il voulait respecter jusqu'à sa mort les traditions particulières de ses bonheurs familiaux.

L'escalade de la Roche de Solutré chaque printemps faisait aussi partie de ces rituels qu'aucun des amis réels ou supposés de mon père n'aurait raté pour tout l'or du monde. Enfin, pour tout l'or du monde, je n'en suis pas sûr.

Ce rituel, nous nous y adonnions depuis que nous étions gamins. Quand il a été élu président, au bonheur d'être spirituellement encordé à mon père s'ajoutait celui d'être filmé par les caméras de télévision qui pouvaient témoigner à la face du monde, c'est-à-dire au JT, si vous en étiez ou pas. Dès l'élection de mon père en 1981, c'est devenu un cirque. Les fidèles faisaient la trace aux journalistes. Vivant plus à l'étranger qu'en France, je n'avais pas souvent eu l'occasion de m'y rendre depuis mon adolescence. Revenu en France en 1981, je n'ai pas eu envie d'y retourner. J'ai laissé à mon frère, beaucoup plus attaché aux traditions familiales que moi, le soin d'en assurer la continuité. Depuis la mort de mon père, la famille et certains proches, Louis Mermaz, Pierre de Bénouville, Pierre Bergé, Rolland Bernard, ancien sénateur-maire d'Oullins (Rhône) sont toujours au rendez-vous pour saluer sa mémoire, mais aussi Jack Lang, Georges Kiejman, Pascal Sevran. C'est bien, mais c'est sans moi.

Latch était comme la Roche de Solutré. Incontournable pour l'aficionado élu. Eminences grises ou roses rêvaient de s'y rendre. De fait, la maison était toujours pleine l'été. Il m'est même arrivé d'écourter mes vacances pour céder mon lit à Gorbatchev qui s'y était rendu à l'invitation de mon père. Ce fut même le dernier voyage officiel en France d'un président de l'URSS.

La courtisanerie peut agacer. L'un de ses principaux traits est l'effacement du jugement personnel au profit de celui du prince, effet très contaminant. Mis à part quelques amis de « guerre », et des personnages comme Roger Hanin, Pierre Bergé ou Michel Charasse, je n'ai jamais entendu un seul des proches de mon père lui tenir tête en privé, marquer un avis différent du sien. C'était toujours : « Le Président m'a dit... » Combien ai-je vu d'intellectuels, d'écrivains, de philosophes ou de journalistes comme B.-H. Lévy, G.-M. Benamou ou J.-E. Hallier, et d'autres, assis autour de la table à Paris, Latch ou au restaurant, boire ses paroles, donner des conseils déférents, se prenant pour les « conseillers du prince », et l'accuser ensuite d'être Machiavel réincarné, sans doute déçus de ne pas avoir été entendus, ou de ne pas avoir obtenu de médaille en chocolat. Seule ma mère défendait ses convictions avec force, quitte à lui faire passer des petits mots rageurs, s'il faisait la sourde oreille. Il aimait tellement lire.

Le 21 mai 1981, mon père fit son entrée à l'Elysée. Je me tenais en retrait sur les marches du perron. Arriva Laurent Fabius, ami de longue date. « Bonjour, Christophe, comment allez-vous ? » me demanda-t-il, un peu raide. Moi interloqué : « On ne se tutoie plus ? » Du porche au perron, le dauphin de mon père avait déjà changé. Du porche au perron, il avait fait du chemin. Laurent s'excusa immédiatement. C'est un homme affable, intelligent, courtois, et il s'était laissé prendre par l'extrême solennité du moment.

Le seul à être toujours resté lui-même, c'était mon père. Il avait acquis de la distance par rapport aux événements. « L'euphorie de la victoire est très courte, avait-il coutume de dire. On n'a pas le temps de s'y habituer, très vite le travail et les réalités vous font retomber sur terre et parfois durement. » La terre et ses plaisirs. Il craignait trop les chutes pour s'agripper à un sommet qu'il savait illusoire. Il avait appris à gérer sa vie, afin de se ménager des espaces de rencontres, de réflexion, ou tout simplement de promenade ou de lecture.

L'AIR DE LA CALOMNIE

12

LA BÊTE NOIRE

François de Grossouvre a certainement été l'homme politique le plus actif à œuvrer pour me nuire, avec la pieuse intention d'éclairer le Président sur mes prétendues « *turpitudes africaines* ». Paix à son âme. Néanmoins, il serait juste de rétablir certaines vérités qu'il n'a pas emportées dans sa tombe.

Je le connaissais évidemment avant d'être en poste à l'Elysée, puisqu'il faisait partie de l'entourage de mon père. Entourage bien structuré et cloisonné, comme chacun le sait, composé de cercles et de leurs sous-ensembles. Grossouvre appartenait au cercle Mazarine qui comprenait également Rousselet, Charasse, Dumas, Pelat... Un cercle bien particulier, celui d'un secret. Secret d'alcôve. Mon père adorait ces secrets, et celui-là plus que tout autre. Comme il adorait Mazarine. Mais être dans la confidence ne donnait à personne un droit de retour sur mon père. La confiance qu'il accordait à ses amis n'était pas monnayable. Il se peut que cette confiance soit montée à la tête de Grossouvre qui rêvait depuis longtemps de devenir patron de la DGSE. De la fille secrète du Président aux affaires secrètes de l'Etat, il n'y avait qu'un pas à franchir. Du moins je le suppose, comme il a dû le supposer lui-même. Son ambition n'ayant pas été satisfaite, Grossouvre s'est senti profondément blessé : une sorte de dépit amoureux qui est allé grandissant.

C'est d'abord la petite histoire qui nous opposa. J'allais heurter sa sensibilité en m'inquiétant des safaris (pas des safaris-photos !) qu'il menait en Afrique jusque dans les grandes réserves d'animaux sauvages. Dans certains pays où il exerçait ses talents, les responsables locaux n'osaient pas s'opposer à la frénésie de ce conseiller chargé des relations avec les services spéciaux, et responsable des Chasses présidentielles. Du moins pas officiellement. Mais la presse africaine et française commençait à jaser de concert. J'en recueillis l'écho au cours de l'une de mes missions. J'en informai mon père qui répercuta sur l'intéressé mes préoccupations, pour mon plus grand malheur. Le travail de sape allait commencer. Déjà le père l'avait trahi, maintenant le fils. Famille, je vous hais. Pour ce prédateur, la peau d'une hyène valait mieux que la mienne. Guy Penne rapporte [1] que François de Grossouvre lui en avait beaucoup voulu, à lui personnellement, de cet incident et lui reprochait de ne pas « me tenir ». De plus, son fils m'ayant croisé dans l'antichambre du président Bongo, il me rendait responsable de l'échec d'un contrat dont je n'avais pas connaissance, et qu'il avait essayé de négocier au Gabon.

A ce petit épisode du genre à gâcher les amitiés naissantes vint s'en ajouter un autre. En 1983, le président d'une association France-Gabon devait être désigné. Il était d'usage de demander au président de la République son avis, bien que cette nomination ne relevât pas de son ressort. Grossouvre avait tendance à faire de l'interventionnisme aigu concernant le Gabon en inondant mon père de notes, comme il le faisait pour le Liban et la Corée du Nord où il entretenait des amitiés d'affaires.

1. *Memoires d'Afrique*, entretien avec Claude Wauthier, Fayard, 1999.

L'une de ces notes portait sur le choix d'un candidat « ami des Gabonais » à la présidence de cette association, sans que Guy Penne ou moi-même n'en ayons été informés. Mon père lui donna son accord sans y prêter attention. Il avait des affaires plus importantes à régler. Quelque temps plus tard, Guy Penne rédigea une note à mon père sur le même sujet, avec les mêmes arguments, mais avec un candidat différent, et obtint les mêmes effets. Mon père approuva, n'ayant plus la note de Grossouvre en tête, et s'en contrefichant par ailleurs. Nous nous aperçûmes que nous avions sur les bras deux présidents virtuels pour une même association. Le soir même je me rendis au bureau de mon père en passant par celui des secrétaires, pour éviter celui de Jacques Attali, toujours occupé à consigner les allées et venues des visiteurs pour nourrir sa grande œuvre. Là, je piquai une petite colère familiale : « Le Gabon, c'est en Afrique ou pas ? » Mon père, étonné mais placide, attendait la suite. Je lui présentai les deux notes qui nous mettaient dans une situation délicate : « Je te demande de rappeler à Grossouvre que nous sommes en charge, Guy Penne et moi-même, de la cellule africaine, et que le Gabon se trouve en Afrique, ce qu'il a dû oublier », ajoutai-je. Mon père approuva, amusé. Exit le candidat « ami du Gabon » et de Grossouvre.

Je devins sa bête noire, sa cible favorite, en permanence dans son viseur. Il commença à déblatérer sur moi auprès de quiconque voulait l'entendre. Son angle d'attaque : mon affairisme supposé. Il s'offrit même un tête-à-tête avec Michel Roussin, alors chef de cabinet de Jacques Chirac, pour dire tout le bien qu'il pensait de moi. Sans beaucoup d'effet. Bien sûr, à travers moi, c'est mon père qu'il cherchait. Il pensait que j'étais un obstacle à ces amours déçues. Son ressentiment de maîtresse éconduite nourrissait sa haine et les appétits des journalistes en mal de sensationnel qui pensaient avoir trouvé leur *deep throat*[1]. S'ils avaient su ! Mais son dénigrement systématique était aussi largement relayé par des « amis de gauche » qui me jugeaient à l'aulne d'un népotisme supposé, et d'autres pour lesquels j'étais un gêneur sur ce continent. Naïvement, inconsciemment ou tout simplement parce que cet état d'esprit n'est pas dans mon caractère, je sous-estimai totalement son effet de nuisance. Malheureusement, quand je m'en rendis compte, il était trop tard, le mal était fait.

Grossouvre, son sobriquet à lui était « Belzébuth », se suicida en 1994 dans son bureau de président des Chasses présidentielles à l'Elysée. Son geste ne sera jamais vraiment expliqué. Sa mort a même été considérée comme suspecte par certains journalistes. C'était mal connaître l'homme. Quand j'appris la nouvelle, j'étais en déplacement au Cameroun. De l'hôtel Mont-Fébé à Yaoundé, j'appelai mon père pour lui présenter mes condoléances. Je n'étais pas bouleversé, mais c'était son ami. Il se dit effondré et atterré. La mort rôdait, brutale. Elle lui enlcvait ses amis, les uns après les autres. Je savais aussi à quel point il pensait à la sienne. Nous y pensions tous.

1. Nom de code donné par les journalistes du *Washington Post* à leur informateur secret dans l'affaire du Watergate.

13

LES AFFAIRES SONT LES AFFAIRES

Admettons, les mythes ont la vie dure. Me voilà donc affairiste. Je me sers de la politique pour magouiller, je profite de mon poste et de mon nom pour en croquer. Je suis plus ardent qu'Adam au Paradis. J'en veux. Et, comme la première fois, Dieu a laissé faire.

C'est vrai, j'aurais pu me la couler douce. Le président Félix Houphouët-Boigny avait suggéré que je sois nommé ambassadeur de France à Abidjan. Devant mes dénégations et la curiosité de cette situation, il avait insisté en me disant qu'il voulait un ambassadeur « ami », ajoutant pour être plus précis : « Je ferai ta fortune comme j'ai fait celle des autres. » Les autres se reconnaîtront. Je n'ai pas profité de son offre mirifique, moi l'affamé des combines et des honneurs. Le président Bongo m'aurait, sur le même air, chanté les douceurs sonnantes et trébuchantes gabonaises : « Un ambassadeur chez moi, c'est un poste en or, et je pèse mes mots. » Ce n'était qu'une rumeur de plus dont se délectaient les petits cercles franco-africains. La seule chose personnelle qu'il m'ait dite avec son air facétieux : « Quand tu es arrivé, on te regardait bizarrement. Mais maintenant, tu as réussi à te faire un prénom. Seulement on te reproche de ne pas avoir laissé d'enfants dans le pays. » D'autres s'en chargeront pour moi, Monsieur le

Président. Il m'avait quand même fait plaisir. Un prénom, enfin !

La raillerie a précédé la calomnie. Elle a démarré dès mon entrée à l'Elysée aux côtés de Guy Penne. « Le fils à papa » s'est médiatisé sous le sobriquet de « papa m'a dit » que l'on doit au talent acide du *Canard enchaîné*.

Je reçus la première salve de *La Lettre du continent*, publication spécialisée sur l'Afrique et uniquement vendue par abonnement, qui curieusement s'accroche à mes basques. Chacun de mes déplacements sur le continent africain donne lieu à des interprétations saugrenues qui distillent pernicieusement leur fiel. Il est d'usage que leurs informateurs me voient dans des endroits où je ne suis pas, en compagnie de personnes que je n'ai jamais rencontrées. C'est beau comme au cinéma. En dix années de poste à l'Elysée, ces journalistes qui scénarisent ma vie se sont bien gardés de me contacter ne serait-ce qu'une seule fois pour vérifier leurs informations. Pourtant je suis le principal objet de leurs investigations à visée vertueusc. Là, ils sont à égalité avec le magazine *Minute*. Une référence. Je suis un sujet en or. Une affaire, peut-être ?

Les accusations se firent plus précises, dès mon entrée au conseil d'administration de la COMILOG[1], société exploitante d'un énorme gisement de manganèse au Gabon. En 1984, je n'étais alors que l'adjoint de Guy Penne, le BRGM[2], société d'Etat française spécialisée dans la recherche minière et associée au capital de cette société gabonaise, m'approcha pour me proposer de remplacer un administrateur décédé. Les dirigeants pensaient que mes relations favoriseraient le dialogue pour mener à bien leurs âpres discussions avec le Gabon. Je consultai Guy Penne et mon père qui me donnèrent cha-

1. Compagnie minière de l'Ogooué.
2. Bureau de Recherche Géologique et Minière.

cun leur accord. Le Gabon possédait 10 % des actions de la COMILOG.

La construction en cours du chemin de fer transgabonais, projet phare permettant de désenclaver tout le sud-est du pays, de Libreville à Franceville, nécessitait d'énormes investissements que devait engager la COMILOG. Les mines de manganèse exportaient jusqu'alors leurs milliers de tonnes de minerai via le réseau ferroviaire du Congo-Brazzaville voisin, et le port de Pointe-Noire. La construction du Transgabonais signifiait la réorientation de tous les circuits d'acheminement pour l'exportation : locomotives, wagons et construction d'un terminal minéralier pour charger les bateaux près de Libreville. Tous ces investissements financiers inquiétaient les actionnaires qui subodoraient un régime sec des dividendes pendant plusieurs années, alors que cette mine est un véritable petit joyau en termes de rapport.

Le président Bongo tenait énormément à ce chemin de fer pour des raisons économiques et politiques évidentes. Il fut construit. Le premier tronçon fut inauguré par mon père, et le dernier par le Premier ministre, Jacques Chirac.

J'assistai pendant plus d'un an aux réunions du conseil d'administration qui se tenaient à Paris, et à une seule de ses assemblées générales au Gabon. Je touchais dix mille francs français par an de jetons de présence, plus quatre-vingts francs de dividendes qui correspondaient à la seule action que je possédais par nécessité puisqu'elle me donnait le droit d'être au conseil d'administration. Une belle affaire.

En 1986, après le départ de Guy Penne de son poste aux Affaires africaines, je fus nommé à sa place, et je démissionnai de mon poste d'administrateur dans l'heure.

Administrateur une fois, administrateur toujours ? Précisons les choses : je n'ai jamais été au conseil d'administration de la COMUF[1], société extractrice de l'uranium au Gabon, ni d'aucune autre entreprise, comme certains organes de presse l'ont laissé entendre. Ils sèment le doute, et je récolte la calomnie... Rumeurs reprises avec délectation dans les « dîners en ville » parisiens où l'on se plaît à recenser mes supposés biens du Gabon au Cameroun, en passant par le Togo et le Rwanda. Au menu : bananeraies, sociétés immobilières, et même des champs de haschich. J'ai relevé ma dernière acquisition sur l'Internet : une concession forestière au Cameroun d'où auraient été importés les bois utilisés pour la décoration de la Très Grande Bibliothèque François-Mitterrand. C'est un site dénonçant la « Françafrique » qui le dit. J'aimerais être au courant de tous ces biens que l'on m'attribue, pour pouvoir en informer mes futurs héritiers !

Après les hors-d'œuvre, le plat de résistance. Deux affaires coup sur coup m'impliquant indirectement vont faire trembler l'Elysée. La calomnie est une entreprise de déstabilisation de l'Etat, courante en politique, et plus spécialement avant une élection.

Nous étions fin janvier 1989. Je passais l'un de mes rares week-ends en famille dans le Gers, avec ma femme et mon fils. En fin d'après-midi je reçus un coup de fil d'un ancien officier de la DGSE qui revenait du Congo-Brazzaville : « Vous savez que la France est en train de vendre des Mistral au Congo ? me dit-il, inquiet. — Des Mistral ? C'est quoi ces Mistral ? — Des missiles sol-air dernier cri, tirés à dos d'homme et ultrasophistiqués. Comparables aux Stinger américains. C'est quand même bizarre d'en vendre cinquante à la République populaire du Congo, alors que la France n'en est pas encore équipée ! »

Il disait bizarre. Moi, ça me paraissait encore plus

1 Compagnie des Mines d'Uranium de Franceville.

curieux, et j'appelai sur-le-champ Jean-Louis Bianco, secrétaire général de la Présidence : « Tu es au courant d'une vente de Mistral au Congo ? — C'est quoi les Mistral ? » répondit Bianco, aussi surpris que moi. Ce n'étaient pas des Mistral gagnants. Je lui fis un rapide topo. Il ne fallait pas être grand clerc pour savoir que le Congo ne pouvait pas être le destinataire de ces petits bijoux fabriqués par Matra. « Je préviens le Président. Tu lui prépares une note sur le sujet pour au plus tard lundi matin », me dit Bianco. Dès le 28 janvier, François Mitterrand adressait une note à Michel Rocard pour lui demander de diligenter une enquête auprès du ministre de la Défense, Jean-Pierre Chevènement. Le 8 mars, le contrat est annulé. Or dès le jeudi 9, la presse bien informée[1] sortait un papier relatant l'affaire qui laissait supposer que : soit la cellule africaine était nulle à pleurer, soit j'étais l'heureux bénéficiaire de ce juteux marché. L'Elysée répliqua aussitôt en sortant un communiqué qui précisait que le Président avait diligenté une enquête suite à une note de Jean-Christophe Mitterrand. Mais le mal était fait. Reste à savoir qui avait distillé le poison.

Que s'était-il passé ? Lors de la première enquête, le ministère de la Défense découvrit que la CIEMG[2] avait donné son accord concernant la vente des missiles, contre l'avis de l'attaché de défense de l'ambassade de France au Congo ! Je fus envoyé sur-le-champ par le président de la République à Brazzaville avec, dans ma sacoche, les papiers « confidentiels défense » du dossier que j'étais autorisé à montrer au président Denis Sassou Nguesso pour plus d'informations. Le chef de l'Etat me

1. *L'Evénement du Jeudi*, mercredi 8 mars ; *La Tribune*, jeudi 9 mars, « L'Elysée bloque un contrat d'armement douteux » ; *Le Monde*, vendredi 10 mars, « La France bloque une vente d'armes suspecte à destination du Congo » ; *Le Figaro*, vendredi 10 mars, « Matra contre-attaque » ; *Le Quotidien*, vendredi 10 mars, « Ces missiles qui visent Jean-Christophe Mitterrand » ; *Le Figaro*, lundi 13 mars, « Trafic de missiles : rien n'est clair ».

2. Commission Interministérielle d'Exportation des Matériels de Guerre.

reçut avec Pierre Oba, chargé de la sécurité militaire. Il était sur les dents, la discussion était tendue. Il démentit toute possibilité que son pays soit mêlé à ce trafic, et accusa la France de jouer double jeu. Je lui démontrai que c'était faux. Nous nous mîmes d'accord pour qu'une synergie entre nos deux pays permette de découvrir les commanditaires des armes, et d'en identifier la destination réelle. L'enquête démontrera qu'elles étaient destinées à l'Afrique du Sud alors sous embargo, non dans l'intention de s'en servir, mais afin de moderniser les missiles d'ancienne génération du même type qu'elle fabriquait.

Cette opération où il y eut faux et usage de faux à tous les échelons de la transaction ne fut jamais éclaircie sur le fond. Du moins, à ma connaissance.

Encore une fois, Grossouvre fut le plus prompt à diriger les soupçons sur moi, en instrumentalisant les journalistes. Il est vraiment regrettable qu'aucun d'entre eux n'ait essayé de me contacter pour recueillir *ma* version des faits. J'ai parfois eu le sentiment de servir au conseiller du Président de treillis ou de gilet pare-balles. Et que, sur ce dossier, il m'avait lancé une grenade dégoupillée qu'il tenait dans ses mains. De peur qu'elle ne lui explose à la figure ?

La même année, une autre affaire va me mettre sur la sellette. Mon nom associé à de prétendues crapuleries fait vendre. Je suis un beau morceau à débiter en tranches au public. Une côte de bœuf bien saignante, un peu vache folle, dont Grossouvre surveille la cuisson.

1988 fut une année noire pour le cacao dont le cours s'effondrait. La Côte-d'Ivoire, qui produisait plus de 40 % de la production mondiale, se retrouvait dans une situation économique difficile. Un an après la chute du cours, le président Houphouët-Boigny adopta une tactique risquée pour essayer d'en faire remonter le prix : il retira du marché le cacao ivoirien. Or l'importance des réserves mondiales de cacao rendait probable l'échec de son pari. Il n'en tint pas compte. Dans l'immédiat, plusieurs problèmes se posaient à lui pour appliquer sa politique : Comment stocker le cacao sans l'altérer ? Comment payer les agriculteurs producteurs ? Comment boucler le budget de l'Etat sans les recettes de l'exportation ?

Deux sociétés privées proposèrent leurs services pour prendre en charge les problèmes d'Houphouët. La française Sucden, et l'américaine Phibro. Il est vrai qu'en mettant la main sur 40 % de la production mondiale, l'une ou l'autre devenait le « roi du cacao mondial ». Cette partie de bras de fer allait durer des mois, tandis que les cours du cacao ne remontaient pas. La situation qui perdurait fragilisait l'économie ivoirienne et la crédibilité du Président, menaçant même le périlleux équilibre de la zone franc de l'Afrique de l'Ouest. Les aides extérieures demandées par la Côte-d'Ivoire, notamment à la France, devenaient exponentielles.

A la cellule africaine, nous nous tenions informés de la bagarre franco-américaine qui se jouait autour du cacao. J'étais même aux premières loges, grâce à mon ami Georges Kentzler, délégué général pour l'Afrique de Sucden, que j'avais connu au Togo en 1979, à l'époque directeur général de la Société Générale du Golfe de Guinée (SGGG), et président du syndicat des patrons.

En pleine crise du cacao, Houphouët, qui passait plusieurs mois de l'année à Paris, demanda à me voir dans son hôtel particulier du 7e arrondissement, derrière les Invalides. Il voulait me faire rencontrer l'opposant (de longue date) angolais, Jonas Savimbi. La réunion devait rester secrète et se faire avec l'*accord* des autorités angolaises. Savimbi, qui avait déjà la droite française dans sa poche, souhaitait se rapprocher du gouvernement français, et des socialistes en particulier dont il attendait le soutien. Favoriser une éventuelle négociation entre les deux partis dans un pays déchiré par une guerre civile depuis vingt ans était un axe majeur défendu par la politique française. Mais prendre parti pour la guérilla, sûrement pas. Houphouët-Boigny, quant à lui, entretenait des rapports soutenus avec l'UNITA, le parti de Savimbi, dont il avait autorisé l'ouverture d'une représentation officielle en Abidjan.

La réunion se termina, Jonas Savimbi repartit discrètement par une porte dérobée. Au moment où j'allais prendre congé à mon tour, Houphouët me dit en aparté : « Sur l'histoire du cacao, en l'état actuel des négociations, la proposition de Sucden semble la meilleure. » Je pris note et, sans faire de commentaires, je me dirigeai vers la sortie. Je croisai alors le chef du protocole d'Houphouët, Georges Ouégnin, toujours amène et urbain. Il me présenta à trois hommes blancs qui patientaient dans le salon, au-dessous de quelques toiles de maître, Van Gogh, Cézanne, Manet. C'étaient des représentants de Phibro. Je doute a posteriori qu'ils aient apprécié le bon goût du président ivoirien en matière d'art. Mais ce dont je suis certain, c'est que ma présence chez le président ivoirien fut interprétée de façon négative à leur égard. Dans leur esprit, j'avais cherché à faire pression sur le président ivoirien afin que Sucden remporte le marché du cacao. Pour les raisons que l'on imagine. Comment démentir ? L'objet de ma visite devait rester secret. Mais c'était éteindre un feu pour en allumer un autre.

Quelques mois plus tard, lors du sommet franco-africain de Casablanca en décembre 1989, Houphouët-Boigny prit en aparté mon père devant moi : « Nous avons sur les bras un gros problème budgétaire cette année, et le montant total de l'aide française décidée en début d'année n'a pas encore été totalement débloqué, cela nous aiderait pourtant. » Mon père se tourna vers moi : « C'est vrai ? » Je confirmai tout en précisant que certaines conditions n'avaient pas encore été avalisées. « Vois avec la Coopération si on peut débloquer l'argent avant le 31 », conclut-il.

Dans l'avion qui nous ramenait à Paris, je fis part au ministre de la Coopération, Jacques Pelletier, de l'entretien que j'avais eu avec mon père concernant la somme allouée à la Côte-d'Ivoire. Jacques Pelletier n'était pas un homme suspicieux, et, informé de la rumeur qui courait sur moi, il m'avait mis en garde. Sur les quatre cents millions à verser au plus tôt à la Côte-d'Ivoire, selon les vœux de mon père, il me dit, insistant : « Tu es sûr que c'est le Président lui-même qui le demande ? » Je compris qu'il pensait « cacao » dans un coin de sa tête. Alerte rouge. Je lui répondis : « Je préfère que tu t'en assures toi-même auprès de mon père. » Ce qu'il fit, et l'aide budgétaire fut débloquée.

Des semaines passèrent. Je reçus un coup de fil d'Houphouët d'Abidjan qui me demandait de venir sur-le-champ. Je pris le premier avion. Arrivé dans la capitale, il me reçut presque immédiatement en compagnie de l'ambassadeur de France, Michel Dupuch. Objet de l'entretien : Sucden venait de remporter le marché.

Aussitôt la nouvelle annoncée, la presse se jeta sur ce qu'elle croyait être un nouveau scandale. J'aurais touché deux cents millions francs de royalties planqués dans des paradis fiscaux. En tête *L'Evénement du Jeudi*, qui fit de mon supposé affairisme son lit de calomnies. Mon père, glacial : « Tu as quelque chose à voir avec ça ? » Moi : « Rien. » Lui : « Alors attaque. » Nous avons gagné en référé, au fond et en appel, mais pas la Une des journaux pour le faire savoir.

Les informateurs de cette presse qui n'était guère regardante sur l'info « biseautée » qu'on lui fournissait étaient toujours les mêmes, pour ne parler que de ceux qui se disaient « de gauche ». Grossouvre, toujours prêt à nourrir ses hyènes, et quelques experts PS de la matière africaine, grands explorateurs du monde, dans leurs bureaux aux murs sans échos.

Les cours du cacao n'ayant jamais remonté, le glas sonna pour Sucden qui déposa le bilan. Quant à Phibro, filiale de Salomon Brother, elle a laissé toutes ses plumes dans sa compétition avec la firme française. Egalité devant la mort.

La liste de mes vilenies est sans fin. Entre les grosses affaires, les petites continuent. Je suis accusé d'avoir vendu la bombe atomique à Kadhafi. Info explosive. C'est *Minute* qui régale. Je suis à la tête d'un trafic d'enfants entre le Mozambique et Cuba. Une bagatelle. Je fais du trafic d'armes avec Savimbi pour alimenter sa guérilla (à la barbe de mon père). C'est un grand classique. La cerise sur le gâteau : trafic de pierres précieuses à Madagascar avec la famille présidentielle Ratsiraka. Pour étayer ces arguments : j'avais payé une émeraude avec ma carte bleue pour les quarante ans de ma femme.

Dans les années 90, les rumeurs couraient dans les couloirs de l'Elysée comme les rats sous Paris. Elles ne me revenaient pas toutes, mais toutes remontaient jusqu'à mon père. Bien entendu, nos relations s'en sont ressenties. A chaque rapport qu'on lui faisait, il me convoquait, me demandant de me justifier. Il acceptait mes explications, mes dénégations. Puis arrivait le moment où la coupe débordait. J'étais comme un noyé qui s'accroche à sa bouée et voit le bateau s'éloigner. Mon père m'accordait toujours sa confiance, mais son agacement était visible.

Un soir, il m'appela dans son bureau. Quand il me disait : « Viens me voir », c'est qu'il y avait un « loup ». J'arrivai, déjà résigné : « Assieds-toi. » Il valait toujours mieux être assis. Il projeta son buste vers moi par-dessus son bureau, comme pour me faire une confidence. C'était si grave ? « Je voulais te dire que je suis très content de ton travail et de la façon dont tu gères la cellule africaine. » J'étais interloqué : « Eh bien, heureusement que tu m'as fait asseoir. C'est bien la première fois en quarante-cinq ans de vie que tu m'adresses un compliment. » Sourire Joconde du Président. Je suis fatigué.

14

RWANDA 1990-1992

Nous avons été implicitement accusés, mon père et moi, de porter une lourde responsabilité dans le massacre au Rwanda, perpétré par les Hutus sur les Tutsis à l'aube de l'année 1994. Nous aurions été les *deus ex machina* d'une tuerie à la machette, par inconséquence politique, amitié dévoyée, mauvaise analyse de la situation... J'en passe.

J'ai quitté l'Elysée à la fin du printemps 1992. Quelques zélateurs m'ont pourtant jugé en partie responsable du génocide rwandais de 1994. Leurs arguments ? Je cultivais mes champs de pavot *in situ* en copinant avec le fils du président rwandais Juvénal Habyarimana. Or je n'ai jamais rencontré ce dernier. Quant à ce pays dont j'aurais fait les beaux soirs, je m'y suis rendu en tout et pour tout trois fois. Je n'étais donc pas le grand ami des Hutus sanguinaires, pas plus que mon père ne fut, par sa politique menée dans l'ex-colonie allemande et belge, un pousse-au-crime.

J'ai fort heureusement eu la possibilité de m'expliquer sur la tragédie rwandaise lors de la commission d'enquête parlementaire dirigée par Paul Quilès.

Le déclenchement des hostilités remonte au 1er octobre 1990, quand des réfugiés tutsis venus d'Ouganda attaquèrent le nord du Rwanda sous les ordres du général Fred Rwigyema. Pourquoi mon père s'était-il impliqué autant au Rwanda en envoyant une aide militaire de « stabilisation[1] » importante qui permettrait, selon lui, d'amener Hutus et Tutsis à la table des négociations, une fois le calme revenu[2] ? Peut-être parce que Habyarimana fut un des seul présidents africains à souscrire pleinement à son discours de La Baule qui demandait aux pays africains d'engager, de façon claire, leur pays dans un processus de démocratisation. Le cancre Habyarimana se rêvait bon élève. Mais entre les Tutsis du FPR[3] qui ne se contentaient pas des accords d'Arusha[4], et la frange extrémiste hutue du CDR[5] qui les rejetait, Habyarimana appliquait la politique du yo-yo. Le pays était pris en otage entre les tentatives du FPR de prendre le pouvoir par la force (ils savaient qu'ils ne l'obtiendraient pas par les urnes) et les appels aux meurtres du CDR qui se pensait légitime. Après l'assassinat du président Habyarimana, le CDR l'emporta, et le massacre commença sous nos yeux horrifiés, les miens aussi, bien que n'étant plus aux affaires à ce moment-là.

Je ne vais pas raconter la terrible histoire du Rwanda, tout le monde la connaît aujourd'hui. Mais je voudrais rappeler quelques précisions que j'ai apportées à la commission d'enquête.

Du 6 au 8 novembre 1990, avec le ministre de la Coopération Jacques Pelletier, nous entamions un marathon qui nous menait du Rwanda à l'ensemble de ses pays limitrophes : Ouganda, Tanzanie, Kenya, Burundi et Zaïre. Nous voulions encourager l'ouverture d'un dia-

1. Opération Noroît.
2. Ce sont dans ces termes précis que j'adressai une note au président de la République François Mitterrand.
3. Front Patriotique Rwandais.
4. 12 juillet 1992.
5. Coalition pour la Défense de la République.

logue régional pour permettre de dégager une solution au conflit qui puisse paraître acceptable aux deux parties. Sur ce principe, nous rencontrâmes des représentants du FPR lors de notre passage à Kampala. Nous avions déjà le sentiment très vif que la situation risquait de dégénérer rapidement, non par le fait du président Habyarimana davantage menacé par les extrémistes hutus qu'il comptait dans son entourage que par l'action belliqueuse du FPR qui s'essoufflait. J'adressai dans ce sens une note au président Mitterrand. Cette opposition extrémiste intra-muros était violemment hostile à la démocratisation du système politique dans lequel s'était engagé Habyarimana à dater de juillet 1990 et qui portait sur le multipartisme, le respect des Droits de l'homme (donc celui des Tutsis) et l'organisation d'élections.

Discrètement, nous ne perdions jamais le contact avec le FPR. Je rencontrai secrètement à Paris une délégation de ce parti, menée par le pasteur Bizingundu, Hutu modéré qui deviendra président du Rwanda après la victoire militaire de son parti. Il a démissionné de son poste, et vient d'être mis en résidence surveillée à Kigali par le major Kagamé, le nouveau président, pour avoir eu l'intention de créer un nouveau parti.

Je rencontrai aussi Paul Kagamé, chef militaire du FPR et actuel président du Rwanda, en compagnie de Paul Dijoud, qui était directeur des Affaires africaines et malgaches au ministère des Affaires étrangères. Le soir même, à son hôtel près de la Porte Maillot à Paris, la police l'interpella. Il était suspecté par la sécurité de l'établissement de faire du trafic de drogue. Le ministère des Affaires étrangères intervint rapidement, et tout rentra dans l'ordre. Je ne fus informé de l'incident que le lendemain. La rumeur prétendit que j'avais monté l'affaire en raison de mes supposées amitiés avec la famille Habyarimana. Je pense même que Paul Kagamé y a cru un moment. Puissance de la désinformation.

Je m'inquiétai néanmoins lorsque, en février 1991, mon père décida de gonfler nos effectifs dans le cadre de l'opération Noroît. J'avais le sentiment que nous nous engagions beaucoup trop et je lui demandai pourquoi « en fais[i]ons-nous autant ». Il me répondit, très net : « La situation au Rwanda est plus que tendue. Explosive. L'agression du FPR déstabilise les rapports politiques et attise la fracture ethnique. Il nous faut gagner du temps pour obliger les parties à s'entendre, car dans cette région des Grands Lacs les massacres sont devenus la norme. Dans ce type de conflit, ne cherche pas les bons et les méchants, il n'existe que des tueurs potentiels. » Il avait le pressentiment que le dérapage était possible, mais il pensait que Habyarimana, malgré sa faiblesse, restait le pivot autour duquel une solution pouvait être trouvée. Le processus de démocratisation était en marche après les derniers accords d'Arusha le 4 août 1993 qui stipulaient la mise en place d'un gouvernement de transition élargi ouvert au FPR, après le déploiement d'une force de l'ONU garantissant le processus de paix. Mais ni le FPR, ni les extrémistes hutus du CDR ne pouvaient y trouver leur compte, comme je le décris plus haut. C'est à ces deux partis que pouvait profiter l'assassinat du président Habyarimana le 6 avril 1994 dans son avion présidentiel. Mais nous ne savons pas jusqu'à ce jour qui a commandité l'attentat.

Quelles conclusions puis-je tirer de cette affaire dramatique pour l'ensemble du peuple rwandais ? Que le processus de démocratisation insufflé par la France était trop rapide dans un contexte miné par les fractures ethniques ? C'est souvent un coup de poker qui dépend de la qualité de l'opposition qui prétend gouverner mieux, mais dont le programme politique peut se résumer parfois par un « Pousse-toi de là que je m'y mette ».

Quant au Burundi, après un règne sans partage des Tutsis depuis l'indépendance, son second président hutu

Cyprien Ntaryamira, élu démocratiquement, après que le premier a été assassiné, meurt dans l'avion d'Habyarimana. Les Tutsis reprennent le pouvoir. Depuis cette époque les massacres de Tutsis ou de Hutus sont continuels et peuvent se chiffrer par des dizaines de milliers de morts. Qui en parle ? Où sont les commissions d'enquête ? Il est vrai que CNN n'est plus sur place !

Quand j'étais journaliste en poste au Ghana, lors des premières élections libres de 1979, après le coup d'Etat du capitaine (*flying lieutenant*) Rawlings qui n'aimait pas les dictatures militaires, je ne pus trouver en guise de programme économique des différents partis d'opposition que des slogans sur des banderoles. Pendant les élections, le leader d'un petit parti qui avait le sens de l'humour me dit : « Notre situation économique est dramatique. Avant on touchait le fond, maintenant on nous demande de creuser. Le Ghana était le pays le plus riche de la région. Le Burkina Faso c'est un tas de cailloux, le Togo un couloir, la Côte-d'Ivoire trois champs d'ananas. Vingt ans après leur décolonisation, cahin-caha ces trois pays ont leur économie qui tourne. Nous on est au fond du trou. Vous auriez dû nous coloniser ! » Ainsi va l'Afrique qui rit et qui pleure.

15

MES CHERS AMIS

J'ai des amis, c'est vrai. Qui n'en a pas ? Il y a les amis de longue date. Les amis plus récents. Mais aussi les faux amis. Les amis d'un soir. D'un septennat ou deux. Et enfin les amis de toujours.

Dans mon cas, il existe une catégorie de plus : les amis dont on ignore qu'ils sont vos amis, et dont on apprend l'existence par la presse. Je compte, parmi ces derniers, les fils de Charles Pasqua, de feu le président du Rwanda, J.P. Habyarimana, ou du président Mobutu, Manda. Je ne les connais pas, je ne les ai pas connus, ni même sans doute jamais croisés. Alors pourquoi ces amitiés m'ont-elles été attribuées, si ce n'est pour accréditer la thèse de ma mauvaise réputation ?

Mes « amis » sont souvent relégués au rayon des mauvaises fréquentations, celles qui entraînent les mauvaises actions. Il semblerait d'ailleurs que je me sois souvent lié avec des « fils de... », étant moi-même un « fils de... ». *Se lier d'amitié* avec un « fils de... » sous-entend *s'acoquiner* en vue de profiter de passe-droits et d'avantages. Amitié = connivence, complicité, trafic d'influence.

Le seul « fils de... » avec lequel je me suis *lié d'amitié* en Afrique est Ali, le fils d'Omar Bongo, président du Gabon. Nous nous sommes croisés la première fois dans le cadre de nos fonctions officielles respectives, nous nous sommes d'ailleurs observés avec une circonspection mutuelle. Comment aborde-t-on un « fils de... » ? Je n'en avais pas la moindre idée. Il a fait un pas, j'en ai fait un autre, et notre amitié est née. Mais nous n'avons jamais prétendu être Montaigne et La Boétie.

Et après ? Après, rien. En côtoyant ce monde dans le cadre de mes fonctions élyséennes, je ne suis pas devenu plus riche, ni plus puissant pour autant. Il existe simplement des types que j'aime bien, d'autres qui m'indiffèrent. Restent tous ceux, n'en déplaise à certains, que je ne connais pas. Et ce sont les plus nombreux.

Mais revenons à ces *amis* qui firent couler beaucoup d'encre. Ceux qui auraient profité de mes passe-droits, de mon nom, de ma filiation, avec lesquels j'aurais agi donnant-donnant, en prélevant mon pourcentage sur la bête.

Honneur aux anciens, mon ami de lycée Jean-Pierre Fleury, patron d'une société de communication, ADEFI, où ma femme a travaillé il y a bien longtemps en tant que rédactrice. Tout le monde connaissait mon amitié pour Jean-Pierre. On nous voyait très souvent ensemble. Il a prospecté entre autres le marché africain du temps où j'étais à l'Elysée. Mais je n'ai jamais été son voyageur de commerce. Car s'il a signé, à ma connaissance, deux ou trois contrats, notamment avec le Cameroun et le Togo, il en aurait obtenu beaucoup, beaucoup plus, si j'avais plaidé en sa faveur. Avoir été mon ami l'a certainement aidé, mais parfois aussi desservi. Il est arrivé que nous nous croisions lors de mes périples en Afrique, et je prenais toujours du plaisir à prendre un verre avec lui.

Des insinuations aux procès d'intention, il n'y a qu'un pas. Il fut franchi avec Jeanny Lorgeoux, député PS du Loir-et-Cher de 1988 à 1993, maire de Romorantin après une partielle en 1985, et franc-maçon. Je l'ai connu au début des années 1980 par l'intermédiaire de Guy Penne qui, dès le début de ses prises de fonctions, lui avait demandé de l'aider pour développer nos relations avec le Zaïre et le président Mobutu. Ce dernier n'avait pas vu d'un très bon œil l'arrivée de la gauche au pouvoir en France. Nous avions aggravé notre cas en décidant de ne pas tenir le premier sommet franco-africain, comme il était prévu depuis l'année précédente, à Kinshasa, mais à Paris, tant la réputation du maréchal-président était mauvaise. Nous de voulions pas que la première rencontre entre l'Afrique et le nouveau président socialiste de la France soit sujet à polémique.

Jeanny Lorgeoux connaissait Mobutu depuis 1973, à la suite d'un voyage à Kinshasa qu'il avait effectué avec M. Fauré, ancien président de la Ligue des droits de l'homme. Le président zaïrois avait apprécié ce jeune homme d'à peine vingt-trois ans, et des relations de confiance amicales s'étaient nouées entre les deux hommes. Au cours de ses premiers déplacements au Zaïre, Guy Penne avait emmené Lorgeoux avec lui. Nous avons fait véritablement connaissance un peu plus tard, à l'occasion de séjours en Afrique centrale, notamment au cours d'un long déplacement au Zaïre que nous avons sillonné du nord au sud et d'ouest en est. Kolwezi, Goma, Matadi, Mbuji-Mayi, Kisangani, Lumumbashi... Un pays magnifique, et prometteur ! Mais économiquement sur le ventre, il s'est dégonflé comme une baudruche au soir de la mort de Mobutu. Aujourd'hui... Kabila fils lorgne davantage vers les Etats-Unis que vers la France pour le faire émerger.

Elu député en 1988, Jeanny Lorgeoux deviendra le spécialiste de l'Afrique noire pour la commission des Affaires étrangères de l'Assemblée nationale, m'accompagnant souvent lors mes déplacements, ou accompagnant mon père pendant ses voyages officiels. Cette immixtion n'avait pas l'heur de plaire aux « gourous » du PS qui ne pensaient qu'à exercer leur tutelle sur le Président. La vivacité, l'intelligence et l'humour de Lorgeoux me séduisaient. Nous devînmes amis. Aux yeux des « gourous » de la « bonne Afrique » je n'avais pas fait le bon choix. J'avoue n'être allé ni à confesse, ni avoir fait repentance, le choix de mes amis ne relevant pas des statuts d'un parti politique ou de quelques « gardes rouges ».

Mobutu, à l'époque, était aussi incontournable que contestable. C'était un chef d'Etat brillant à l'intelligence dévoyée. Il avait brutalement apporté la paix et la stabilité à son pays, mais l'avait mis à genoux économiquement et politiquement. Or le Zaïre, devenu République démocratique du Congo, possède suffisamment de ressources naturelles pour se placer dans le peloton des pays riches. D'ailleurs, à la fin des années 80, il avait, devant l'évolution du monde, pensé à « un peu » ouvrir son régime et avait même fait étudier, après de nombreuses consultations dans le pays menées par son ancien ambassadeur à Paris, M. Mokolo Wa M'pombo, cette possibilité. Par manque de courage ou de lucidité politique, la réforme avait été abandonnée. Quelques années avant sa mort, le vieux dictateur n'anticipait plus les événements depuis longtemps. Il s'était refermé sur sa famille, sa tribu, ses proches, sa garde rapprochée, agissant comme un despote infantilisé, coupé de toute réalité. Le régime était tombé comme un fruit blet.

Je dois à l'ancien chef d'Etat l'une de mes expériences à l'africaine les plus drôles, dont Lorgeoux fut aussi un acteur. Lors d'une mission au Zaïre pour préparer une visite officielle du dictateur en France, je fus invité dans l'une de ses propriétés, N'zélé, qui s'étend au bord du fleuve Zaïre, à quarante kilomètres en amont de la capitale. Après un entretien en tête à tête de près d'une heure, Mobutu me demanda si j'aimais la pêche. Je répondis par l'affirmative. Il me déclara alors, tout content : « Eh bien, on va faire une partie de pêche. » Nous nous retrouvâmes un quart d'heure plus tard en pleine brousse autour d'une mare de quinze mètres sur cinq, en compagnie de plusieurs ministres, l'ambassadeur de France et Jeanny Lorgeoux. Tout ce petit monde s'installa autour de la mare. Sur un côté se trouvaient deux parasols qui abritaient deux fauteuils et un seau à glace pour le champagne. Le maître des lieux, sa toque en léopard toujours vissée sur la tête, m'invita à prendre place avec lui sur l'un de ces deux fauteuils, laissant les autres invités suer debout sous le soleil, la canne à pêche à la main. Et nous commençâmes à pêcher des... poissons-chats, seule espèce présente dans ce trou d'eau. Je levai ma première prise, le Président aussi, etc. Jusqu'à ce que je m'aperçoive qu'il s'agissait d'un concours entre Mobutu et moi-même, entre la France et le Zaïre. Chaque fois que lui ou moi remontions un poisson, un majordome derrière hurlait : « Zaïre 2, France 1 », et ainsi de suite. Il menait, je menais : « Mais la France ne va quand même pas battre le Zaïre ! » s'inquiéta (réellement) le Président, une canne à pêche dans chaque main. Finalement, il s'avoua vaincu, sous le regard consterné de l'ambassadeur de France qui avait très chaud, qui semblait détester la pêche à la ligne, le poisson en général, et le poisson-chat en particulier. Mobutu était vexé mais pas au point de perdre l'appétit. Il nous emmena déjeuner sous une luxueuse paillote au milieu d'un petit lac proche. A peine étions-nous installés autour de l'immense table, le chef d'Etat me lança : « Alors Christophe, que pense-t-on de moi en Europe ? » Le temps de poser mes couverts, je lui répondis : « Votre réputation est détestable. Economiquement n'en parlons pas. Politiquement il suffit de prononcer votre nom pour que les revolvers sortent de leurs étuis. » Je vis tous les convives autour de la table plonger le nez dans leur assiette. Silence glacial sous la canicule. Puis le Président reprit : « Tu as raison, il faut que je fasse plus attention à ma réputation. » Les têtes se relevèrent. A peine osait-on sourire. Les verres se vidèrent. Bien que cet échange n'eût pas entraîné de mauvaise humeur apparente de la part de Mobutu, j'avais quand même commis l'erreur de faire cette réflexion peu amène devant témoins. Les messages désagréables passent toujours mieux en tête à tête ; orgueil de chef d'Etat oblige.

Je rentrai en France, et retrouvai Mobutu lors de sa visite officielle à l'Elysée. Après la revue de la Garde républicaine dans la cour d'honneur et la séance photo sur le perron, mon père l'entraîna vers les salons du rez-de-chaussée pour l'entretien traditionnel entre chefs d'Etat. Mobutu me prit à part : « Tu me l'accordes quand la revanche ? » J'ai hésité un instant avant de comprendre de quoi il parlait. Mon père, qui s'impatientait, vint vers nous et s'inquiéta : « La revanche de quoi ? » Mobutu : « Du poisson-chat ! » Moi, gêné : « Je t'expliquerai. » Quand je lui racontai l'anecdote, il resta de marbre.

Il existe, il est vrai, des hommes qui ont profité, volontairement ou pas, de moi pour faire avancer leur carrière. Ce sont ceux que je classe parmi les « amis d'un septennat ou deux ». Jean-Noël Tassez en fait partie. Je l'ai connu en 1982, par l'intermédiaire d'amis. Il était rédacteur en chef de *La Marseillaise*, quotidien communiste de Marseille. Il s'est retrouvé au chômage et a monté *L'Hebdo* dont seulement une dizaine de numéros sont sortis avant de faire faillite. C'est un homme séduisant, intelligent, cultivé, réservé, très doué pour les relations publiques, adorant les réunions de « happy few » à Paris ou à Saint-Tropez. Je l'ai amené à Latch où il a rencontré mon père. Ils se sont bien entendus et se sont retrouvés dans les Landes ou à Paris, rue de Bièvre, pour déjeuner ensemble ; il lui est même arrivé d'être invité dans certains voyages officiels en

Afrique. Leur principal sujet de conversation concernait naturellement la presse et la communication. Un jour, j'appris que Tassez était nommé vice-président de RMC dont le président était Hervé Bourges, puis président lorsque ce dernier démissionna. Quelque temps plus tard, il allait prendre la tête de la SOFIRAD. Beau parcours après des débuts que l'on peut qualifier de chaotiques. Que devais-je en penser ? Je me suis réjoui pour lui. Suis-je intervenu pour « encourager » ces nominations ? Jamais. Mon père l'a-t-il fait ? Peut-être. Aujourd'hui, Jean-Noël s'est mis à son compte, et il fait du conseil politico-économique. Je lui ai présenté Pierre Falcone. Tassez est un flambeur. Il joue au black jack jusqu'à perdre sa chemise. Falcone l'a dépanné quand il avait besoin de liquidités, et jusqu'à l'emprisonnement de ce dernier, les deux hommes se voyaient toujours. Quant à moi, il ne me donne plus signe de vie depuis plus de trois ans. Amer regret.

Toujours dans la catégorie des « amis d'un septennat ou deux », il y a ceux qui viennent manger la soupe et mordent ensuite. Ainsi Yazid Sabeg, patron de la Cie des Signaux. En voilà un qui s'est servi de moi, froidement. Sans le savoir j'ai été son sésame pour arriver là où il est aujourd'hui. Quand je l'ai connu en 1985, c'était un homme d'affaires dans l'immobilier. C'est un type infiniment sympathique avec la faconde des gens du Sud. Intelligent sans aucun doute. Ambitieux, certainement. Je l'avais mis en contact, mais sans connaître ses intentions et au hasard de nos rencontres, avec les milieux ministériels de la Défense et de l'Industrie, et je lui avais présenté Tassez, patron de la SOFIRAD qui avait accès à tous les ministères. Bingo ! Yazid Sabeg voulait racheter des parts de la Cie des Signaux pour en devenir le patron. Il avait des concurrents sérieux, et les réticences de certaines administrations l'empêchaient de mener à bien son entreprise. Il a su, via tout un réseau relationnel, forcer le destin. La mouche a mangé l'araignée. Et en 1992, date de mon départ de l'Elysée, il s'est inscrit aux abonnés absents.

L'amitié demande tolérance, mais surtout constance et attention désintéressée. Des qualités qui ne pouvaient pas s'inscrire dans ces amitiés particulières trop politiques d'un septennat ou deux. En quittant l'Elysée, je n'ai pas perdu les amis de longue date, mais seulement des quidams que j'avais connus sous la présidence de mon père. C'était de l'« amitié service » dont je n'avais pas le mode d'emploi. Ainsi va la vie. Je n'en veux pas à ces intrigants au masque amical, mais ce fut une bonne leçon.

16

GROSSE FATIGUE

Contrairement à ce qui a été « révélé », mon père ne s'est pas débarrassé de moi à la cellule africaine. Il a même mis huit mois avant d'accepter ma démission.

Depuis le début de l'année 1991, je réfléchissais à la tournure que prenait ma vie, professionnelle et privée. Mon mariage battait de l'aile. Mes absences répétées, les courriers et coups de fil *bienveillants* pour raconter à mon épouse mes supposées frasques africaines avaient eu, entre autres, raison de notre couple.

Je considérais qu'être conseiller du Président n'était pas un métier. Et il n'y aurait pas de troisième mandat. Je me posais des questions sur mon avenir. J'avais depuis quelques années franchi les quarante ans. Je n'étais ni politique, ni fonctionnaire. Pas non plus question de reclassement.

Mes mises en accusation successives dans « les affaires » m'avaient usé. Les suspicions me fatiguent. Même Guy Penne se laisse influencer lorsqu'il laisse entendre que mes « amitiés » en Afrique, et principalement au Togo, m'aveuglaient. Un jour de 1986, j'étais de passage en escale à Lomé, sans avoir de rendez-vous particulier. J'en profitai pour dîner tranquillement avec un ami belge. Sur le chemin du retour à l'hôtel du « 2-Février », la capitale se retrouva en état de siège sous la mitraille. Les balles sifflaient, des automitrailleuses aux carrefours tiraient sur tout ce qui bougeait, les avions passaient en rase-mottes au-dessus de nos têtes. Nous réussîmes à atteindre l'hôtel, en évitant les rafales de mitrailleuses pas très regardantes sur leurs cibles. Le général Eyadema m'appela : « Nous sommes attaqués militairement par des commandos d'opposants venus du Ghana, peut-être même aidés par des éléments de l'armée ghanéenne. » La frontière entre les deux pays traversait la ville, il était aisé de la franchir. J'entendais dans le téléphone les impacts de balle contre les murs. « Je demande l'application des accords de défense », ajouta-t-il. Je lui répondis que « je [n'étais] pas habilité à prendre ce genre de décision, [qu']elle ne dépend[ait] que du président de la République française, [que j'allais] l'en informer ». Je n'arrivais pas à joindre l'ambassadeur de France à Lomé qui dormait profondément, et il était évidemment impossible de se déplacer en ville. J'appelai Paris où je réussis à joindre le permanent de l'état-major particulier de la présidence auquel je transmis la demande du président togolais.

La nuit fut longue, mais les attaquants finalement repoussés. Et, au petit matin, la situation bien que très tendue était revenue au calme. La France enverra quelques jours plus tard quelques parachutistes qui stationneront sur l'aéroport. Une façon de montrer notre bonne volonté, mais aussi d'éviter tout dérapage entre le Ghana et le Togo.

En effet, je connaissais bien le général Eyadema. Nous avions appris à nous connaître, peut-être à nous comprendre, malgré nos désaccords et même parfois nos accrochages. Mais je n'oubliais jamais que je travaillais pour le président de la République française.

J'étais las de toutes ces attaques relayées par une presse complaisante. Il fallait tuer le fils pour affaiblir le père. J'évoluais dans un monde qui n'était pas le mien. Un monde dont je ne me sentais pas solidaire, et où j'étais un des seuls à ne pas chercher à faire carrière. Quant à l'Afrique, la situation se détériorait presque partout. La relative stabilité des Etats indépendants avait pris fin, et ce n'était pas toujours au profit de la démocratie.

Un soir, j'allai voir mon père dans son bureau comme je le faisais régulièrement en fin de journée, décidé à lui parler de mes projets de départ.

« Pourquoi ? » me demanda-t-il étonné. Je lui répondis que ce n'était pas un métier, que j'étais fatigué, et je conclus : « Je veux retourner à la vie civile. » Je lui laissai le temps de réfléchir, moi-même je dus me retourner pour trouver autre chose, prendre des contacts, me mettre sur le marché de l'emploi. Mon père faisait le taiseux.

Je revins plusieurs fois à la charge. Il renâclait, je savais qu'il prenait ma décision comme un abandon. L'échéance de 95 approchait, d'autres conseillers partaient. Il se retrouvait de plus en plus isolé. Il ne s'agissait pas de trahisons. Mais il fallait préparer « l'après ».

La crise du Rwanda occupait la plupart de mon temps, mais je m'investissais moins, préférant laisser les rênes à mes plus proches collaborateurs, Gilles Vidal ou Thierry de Beaucé. En écrivant ces lignes, je ne cherche absolument pas à me dédouaner des responsabilités qui m'incombaient alors. Kigali sera d'ailleurs l'un des derniers voyages que j'effectuerai sur le continent en tant que conseiller pour les Affaires africaines en novembre 1990.

Début 1992, je remis le sujet sur le tapis. Mon père me demanda de lui proposer trois noms pour me remplacer. On avançait. Je lui soumis en premier celui de Michel Châtelet, ancien directeur des Affaires africaines et malgaches au Quai d'Orsay sous la cohabitation, qui avait été également ambassadeur en Afrique et en Yougoslavie. Le deuxième était Bruno Delaye, ambassadeur au Togo dans des moments difficiles. Bruno Delaye avait été l'un des plus jeunes diplomates français. Un critère qui avait séduit mon père et Roland Dumas, soucieux de rafraîchir les troupes de la diplomatie française. Le troisième était Paul Dijoud, qui avait succédé à Châtelet au Quai — mais pas par mes soins, comme certains l'avaient alors laissé entendre.

Mon père les contacta dans l'ordre. Châtelet, à notre grande surprise, refusa. Nous apprîmes qu'il souffrait d'un cancer. Il mourut quelques mois plus tard. Bruno Delaye accepta. Ce serait Delaye. Je pouvais partir tranquille, soulagé, libéré. Bruno avait vécu des moments difficiles en tant qu'ambassadeur au Togo en pleine révolution démocratique. A l'occasion d'un conflit sérieux entre le président Eyadema et son Premier ministre d'opposition, l'armée avait pris position autour de la primature et commencé à tirer. Notre ambassadeur s'était précipité sur place, et avait traversé les lignes en voiture, fanion déployé, pour se rendre aux côtés du Premier ministre « agressé ». Il avait réagi sans instruction de son autorité de tutelle qui n'aime pas particulièrement les initiatives « inconsidérées ». Du bureau du Premier ministre, alors qu'à l'extérieur les tirs avaient repris, il m'appela à Paris, inquiet des retentissements de son geste. De fait, sa prise de position avait heurté le président Eyadema qui trouvait que la France et les socialistes en particulier en faisaient un peu trop, et cherchaient à lui nuire. Il avait l'habitude de dire que tout allait « moins bien entre nos deux pays » depuis que Bruno Delaye avait été nommé ambassadeur. Ce qui était faux, Eyadema ne se posait pas les bonnes questions. Les esprits évoluaient aussi dans son pays. Bruno me demanda mon avis sur l'attitude à adopter durant la crise : « Je pense que tu as eu raison. J'informe le Président tout de suite », répondis-je. Enfin un ambassadeur qui prenait ses responsabilités à chaud... Après m'avoir succédé à l'Elysée, il fut nommé ambassadeur à Mexico où il resta cinq ans, avant d'être affecté à la Direction générale de la Coopération et du Développement au ministère des Affaires étrangères.

Les rumeurs et malveillances couraient sur moi de plus belle, même à propos de mon éventuel départ. Le pompon de la désinformation vint en premier lieu, et sans doute par habitude, du couple de journalistes (vraiment ?) Stephen Smith/Antoine Glaser. Ce dernier écrit dans la *Lettre du continent*, en 1992, que je suis en négociation avec la Fondation Elf. Et Stephen Smith ne craint pas de le citer en reprenant son information dans *Libération*. Je n'ai jamais eu le moindre contact avec cette Fondation dirigée par l'ex-épouse de Loïk Le Floch-Prigent, ni avec Elf dans le cadre d'un reclassement. A leur grande surprise, je signai avec la Générale des Eaux (devenue Vivendi). Antoine Glaser fit une « pige » pour *Libération* en expliquant que, les négociations avec Elf ayant échoué, je rentrais à la Générale. L'honneur du journaliste (vraiment ?) était sauf, il ne se démentait pas. Approximation, quand tu nous tiens...

Je voulais travailler dans le secteur privé, et de préférence à l'international pour un grand groupe français. J'avais un ami, Philippe d'Amalric, qui travaillait à la Générale des Eaux (Vivendi). Il me présenta Guy Dejoigny, alors patron de l'entreprise. Ce dernier me proposa un poste pour étudier le développement du groupe à l'étranger dans les secteurs du bâtiment, du traitement des eaux et des déchets. J'avais bien sûr obligation de ne pas couvrir l'Afrique pendant au moins une année. Pas de mélange des genres. Il avait entièrement raison, et j'étais d'accord avec lui. J'orientai mes investigations sur l'Asie et le Moyen-Orient avec beaucoup de bonheur. Bonheur de découvrir d'autres pays, d'autres cultures. Mais je découvrais aussi le monde des affaires. Un monde de tueurs où presque tous les coups sont permis. Ils le sont aussi en politique, mais de façon plus feutrée. Ou plus hypocrite, et surtout moins médiatisée.

Lors de l'un de mes déplacements en Tunisie, je fis la connaissance mémorable de Yasser Arafat à Tunis au siège de l'OLP, et à la veille de l'ouverture des accords d'Oslo, moment historique.

Je dînais chez Bassam Abou Charif, un ancien proche du FPLP de Georges Habache et qui s'était rapproché de Yasser Arafat. Tout à coup, l'atmosphère changea. Chacun se mit à parler arabe et à se congratuler. Que se passait-il ? l'OLP venait de recevoir la lettre du Premier ministre israélien, Isaac Rabin, qui donnait son accord pour entamer le marathon d'Oslo. La paix était au bout du chemin. Souha, la femme d'Arafat, arriva, heureuse. Nous trinquâmes. J'étais aux premières loges d'un moment qui pourrait devenir historique.

Yasser Arafat, résidant dans un autre quartier de la capitale tunisienne, appela au téléphone. Souha le prévint de ma présence. Il m'invita, avec Bassam, à venir prendre le petit déjeuner le lendemain avec lui.

Il nous attendait chez lui coiffé de son chèche et vêtu de son éternel ensemble semi-militaire. Il vivait dans un bunker, entouré de gardes du corps armés jusqu'aux dents. On hésitait à éternuer de peur de déclencher un massacre. Passé le barrage de la sécurité, le leader palestinien se montrait un hôte affable et prévenant, nous servant lui-même le café ou le thé, insistant pour que nous nous resservions en petits pains ou fruits. Au cours de la conversation, il évoqua longuement le général de Gaulle qu'il respectait énormément, non sans ajouter un mot sur mon père qu'il appréciait. Tous à coup, il ouvrit sa chemise et nous montra la croix de Lorraine qu'il portait sur la poitrine, et qui lui avait été offerte par le Général. Il était visiblement fatigué par un manque de sommeil justifié par la mise en route des prochains accords d'Oslo dont l'ouverture serait officialisée quelques jours plus tard à Washington, mais très excité par les nouvelles perspectives du nouveau processus de paix dans lequel Israël et la Palestine s'étaient engagés. Il se dit résolument tourné vers l'avenir. Nous le savons aujourd'hui, l'avenir de son pays est encore loin devant lui.

« Un pas très important vient d'être franchi, me dit le leader palestinien, mais les vraies difficultés commencent. Ce doit être la paix des braves. Ni vainqueur, ni vaincu ! » Il me montra la carte de la région affichée dans la salle à manger : les frontières d'Israël, les zones autonomes palestiniennes. Me revint en mémoire ce moment où je l'avais vu sortir de l'Elysée quelques années plus tôt. Il venait d'annoncer, après avoir rencontré mon père, que les articles de la charte de l'OLP faisant référence à la destruction d'Israël étaient rendus « caducs », en utilisant le terme en français.

« Les accords, me dit-il, doivent officiellement être scellés à Washington en présence de Clinton, Rabin et Shimon Pérès. Si Rabin ne fait pas le déplacement, je n'irai pas dans la capitale des Etats-Unis. » Ils feront le voyage tous les deux, et toutes les télévisions du monde diffuseront cette première poignée de mains.

Ma présence, ce matin-là, ne passa pas inaperçue auprès des journalistes. En arrivant à Paris en fin d'après-midi, j'appris par le journal de 20 heures à la télévision que j'avais remis au leader palestinien un message de mon père qui se trouvait en voyage officiel en Corée du Sud. Voilà comment on peut aussi écrire l'Histoire.

A son retour, mon père me dit avec un demi-sourire : « Alors, tu remets des messages de ma part en mon absence et sans que j'en sois moi-même informé ? — Eh oui, tu vois, la presse est mieux informée sur nous que nous le sommes nous-mêmes. Et en plus je ne travaille plus pour toi ! »

J'ai souvent eu l'occasion de recroiser le leader palestinien, à Tunis, Gaza ou au Caire, et même à Paris lors de la mort de mon père. Confiant dans l'avenir, il commençait à parler développement, traitement des eaux, construction d'un port, d'un aéroport..., et faisait des appels d'offres aux grandes entreprises. La Générale des Eaux était sur les rangs. Mais les concurrents étaient nombreux à faire la queue dans son antichambre.

Je suis naïf. A l'approche des présidentielles de 1995, des rumeurs prétendaient que je ne passerais pas le cap des élections à la Générale des Eaux. Je ne le crus pas. Je travaillais dur, en collaboration avec un certain nombre de filiales du groupe, je n'avais pas le temps de laisser flâner ma mélancolie. Jean-Marie Messier arrivait pour prendre la tête du groupe qui fonctionna avec une direction bicéphale, jusqu'au départ de Guy Dejoigny. Chirac fut élu, j'apprenais que la lettre de licenciement était prête. Je négociai la date de mon départ en décembre, le temps de trouver une aire d'atterrissage, avec la possibilité d'utiliser mon bureau encore un mois. Mon père mourut le 8 janvier 1996. Le jour des obsèques, mon bureau était vidé.

A ce moment-là, rien ne peut plus me toucher, mon père est mort.

L'ANGOLAGATE

17

LA MAURITANIE

Après avoir été viré de la Générale des Eaux, il m'a fallu prendre une décision difficile : changer de vie pour la troisième fois.

J'étais séparé de ma femme depuis plusieurs années ; les ors de la République ne m'avaient pas laissé un souvenir impérissable ; la façon de travailler des grands groupes ne me donnait pas envie de m'y incruster. J'avais besoin de construire, de ne plus bosser pour les autres, mais pour moi.

Une vieille idée de projet industriel me trottait dans la tête depuis mon premier séjour en Mauritanie. Il offrait un triple avantage : retrouver un pays où je me sentais bien, retourner vivre en Afrique et bâtir une entreprise qui ne prêterait pas à polémiques. Bien joué !

J'avais un besoin physique de revoir ces espaces vierges et rugueux, ce bord de mer sauvage, ces cieux purs où les étoiles sont plus lumineuses que partout ailleurs, lorsqu'il n'y a pas de vent de sable... Les côtes mauritaniennes sont parmi les plus poissonneuses du monde, et ses eaux sont abondamment pillées par la grande pêche industrielle qui, hormis de payer une redevance pour y traîner ses chaluts, ne débarque que peu de prises à terre, et donc ne crée pas d'emploi, ni de plus-value dans le pays.

Mon idée était de traiter sur place et valoriser les produits de la pêche de faible intérêt : tous les poissons à chair blanche comme le mulet, la dorade grise et rose, la truite de mer, le maigre, la sole, etc., et destinés à l'industrie agroalimentaire, pharmaceutique et cosmétique, à l'exportation.

Je me rendis en Mauritanie en 1996, peu après la mort de mon père, pour étudier la possibilité de mettre en œuvre mon projet. N'étant pas un professionnel du secteur, il me fallut tout apprendre en m'entourant de gens compétents, prendre l'avis des industriels et des spécialistes ; faire des choix, évaluer financièrement l'opération et appréhender les futurs marchés d'exportation. Pour prospecter, je me rendis au Sénégal, en Grande-Bretagne, en Belgique, en Allemagne et en Italie.

Le projet se précisait, semblait économiquement viable, notamment grâce à de nouveaux procédés de fabrication inventés par des industriels bretons, la société AM2C. Je créai avec un certain nombre de partenaires, en 1997, la société IWIK (SA), chargée de mener à bien la construction de l'usine pour laquelle trois cents personnes allaient être à pied d'œuvre, directement et indirectement. IWIK est en réalité le nom du petit village de pêcheurs imraguen du banc d'Arguin, baie immense de bancs de sable qui la protègent relativement du pillage des mers. Cette région, difficile d'accès, par mer ou par terre, est la frayère et la pouponnière de toute cette partie de l'Atlantique. Protégée écologiquement, elle regorge de poissons, de flamants roses, pélicans, et de toute sorte d'échassiers qui y établissent leur camp à la saison des migrations.

L'usine serait installée à Nouakchott, non loin du wharf et du port, et construite aux normes européennes, sanitaires et techniques. La faisabilité d'une bonne isolation thermique présentait des difficultés car la chaleur extérieure peut dépasser 50°, alors qu'à l'intérieur elle doit se maintenir, selon les besoins, entre + 12 et – 30 °C. Nous la confierions à la société « Isolinso », qui importe presque tout son matériel isolant d'Italie.

Nous estimions la durée des travaux à environ deux ans et demi. Il nous fallait presque tout importer, le matériel comme le savoir-faire. Et les pertes et les dégâts liés aux avanies du fret nous firent perdre plus d'un an, ce qui n'alla pas sans nous poser quelques soucis financiers.

Ne disposant d'aucune fortune personnelle, je m'installai à Nouakchott, la capitale, en tant que consultant international pour faire du conseil aux entreprises. Les gains perçus m'aidaient à financer mon projet jusqu'à terme. Je travaillais pour des sociétés nigérianes, américaines, ainsi que pour une opération de communication pour le Congo (Brazzaville), mais aussi pour d'autres sociétés étrangères désireuses de développer leur savoir-faire dans les domaines de la pêche et de l'immobilier à Cuba. La Mauritanie devint ma base opérationnelle. La première année, je nomadisais d'hôtels en chambres d'amis, et prospectais pour trouver une maison qui me servît à la fois de logement et de bureau. Je trouvai une villa encore en construction au nord de la ville, dans les nouveaux quartiers, en bord du désert. Une fois le bail signé, je m'installai dans ce coin agréable, profitant des vents frais portés par la mer le soir, mais sans téléphone et sans eau. Le confort viendrait plus tard. Parallèlement, nous installions la société, faisions le tour des investisseurs locaux et des ministères afin de l'insérer dans les dispositions du code des investissements, comme n'importe quel entrepreneur.

Un soir de décembre 2000, un juge français a décidé de me mettre en « congés forcés », et, en me privant de passeport, il ne m'a plus été possible, ni de suivre mes dossiers de consultant, ni de préparer le démarrage de l'usine.

Concernant les revenus de mes activités de consultant, je ne vais pas m'attarder sur la façon dont la Justice a qualifié mes prétendus errements. J'ai déjà dit ce que j'en pensais. Ce qui m'importe aujourd'hui c'est de m'adresser aux Français pour lesquels je suis « la honte de la République » et qui, à la lecture des journaux, sont persuadés que je me suis comporté de façon amorale, d'autant plus amorale que je suis le fils d'un ancien président de la République. Il est toujours facile de jeter l'opprobre, surtout sur le fils d'un ancien chef d'Etat dont les agissements furent eux-mêmes très contestés dans un certain nombre de cas. L'opprobre est souvent la vertu des gens mal informés.

Trois faits ont frappé l'opinion dans mon « affaire » : le montant de mes honoraires et leur transit sur un compte en Suisse, et la terrible accusation de « trafic d'armes ».

Les honoraires d'abord. On a parlé d'un montant global de 1,8 million de dollars. J'ai conscience que ce chiffre paraît énorme à ceux qui tirent le diable par la queue. Je comprends moins bien (ou trop bien) l'émotion feinte des médias et des professionnels de la morale si indulgents par ailleurs pour les émoluments de certains footballeurs ou sportifs de premier plan, stars de la télé, artistes, cadres ou autres capitaines d'industrie ou golden boys.

Malgré les apparences, mes revenus n'ont rien à voir avec des coups faciles ou les effets sonnants et trébuchants des retombées du vedettariat. Les 1,8 million de dollars que j'ai touchés à partir de 1996-1997 sont le résultat de sept années de travail, soit quelque 250 000 dollars par an, en moyenne, soit un peu plus de 100 000 francs français par mois [1].

1. Cela représente à peu près ma rémunération par la Générale des Eaux de septembre 1992 à 1995, et cinq fois moins qu'un présentateur vedette de TF1. De plus, à la Générale des Eaux, j'étais salarié donc sans risque, ce qui n'est absolument pas le cas dans le cadre de consultant indépendant.

Deux possibilités de rémunération s'offrent au consultant indépendant. Soit des honoraires simples qui ne s'indexent pas sur le cours de l'opération, soit un intéressement au chiffre d'affaires, ou sur les bénéfices (*success fees*). Pierre Falcone m'a proposé de me rémunérer sur les bénéfices qu'il retirait des opérations sur lesquelles je l'avais conseillé à sa demande. J'en ai accepté le risque, si les affaires échouaient, ou l'aubaine, si elles marchaient. Mais j'avais parfaitement confiance en Pierre Falcone qui est un excellent homme d'affaires, même s'il a pris lui-même d'énormes risques financiers sur l'Angola (voir le chapitre 18). Une opération de cette envergure ne se conclut pas en un jour, j'ai commencé à être rémunéré sur les bénéfices, seulement lorsque les investissements financiers contre garanties de pétrole ont donné leur jus en baril.

Le compte en Suisse. Je n'ai pas été assez vigilant et clair dans mes explications, tant au juge que dans mes déclarations à la presse, soumis aux impératifs du temps raccourci de la Justice (dans mon cas) et de la presse (toujours). Il est difficile en quelques minutes de remettre les faits en perspective. La réalité analysée à froid, mise à plat et sortie de son contexte médiatique n'est plus sujet à polémique. Pour être justifiés, les règlements de comptes doivent se faire après les comptes.

J'ai ouvert ce compte mi-1992, après avoir quitté mes fonctions à l'Elysée, dans une banque de Genève. Je n'ai pas ouvert ce compte pour y « planquer de l'argent sorti en fraude de France » mais à la demande du Centre de Recherche Entreprise et Sociétés (CRES), société installée à Genève et qui m'a salarié pendant dix-sept mois jusqu'à la fin 1993, en tant que consultant. Pour faire bonne mesure, selon certains juges, il pourrait s'agir d'un emploi fictif dans le cadre de l'affaire Elf, car ce centre travaillait également pour la compagnie pétrolière. Mais pas moi. Le grand nombre de voyages, de colloques, de réunions et de travaux que j'ai effectués pour le CRES a parfaitement démontré que je ne bénéficiais pas exactement d'un salaire de complaisance !

C'est sur ce compte qu'étaient également versés à partir de 1996 des émoluments dont aucun ne provenait de sociétés françaises dans le cadre de mon travail de consultant. En outre, la plupart des dépenses liées au projet mauritanien [1] s'effectuaient en francs, dollars ou deustche marks. IWIK a d'ailleurs ouvert un compte parallèle dans cette même banque de Genève pour faciliter les transferts servant aux paiements des fournisseurs de matériel européen [2]. Il faut savoir qu'aucun industriel européen n'accepte d'envoyer du matériel à l'étranger sans être payé d'avance. Il n'existe pas vraiment de crédit fournisseur pour l'ensemble des pays africains, en faveur de PME et sans couverture COFACE [3]. « Si vous ne payez pas, comment irais-je récupérer mon matériel », nous disaient-ils. Dans 90 % des cas, les sorties de mon compte personnel ont été en faveur du compte IWIK, ce qui montre bien que mes revenus étaient réinvestis en Mauritanie.

Depuis 1997, j'ai installé ma résidence principale à Nouakchott, après avoir étudié pendant un an la viabilité de mon projet. Même si mes activités de consultant m'amènent à me déplacer à travers le monde, je paye mon loyer, mon bureau, mes factures de téléphone, eau, électricité, mon véhicule et mes impôts sur place. C'est-à-dire, là où je vis en Mauritanie, depuis 1996. En France, je ne possède plus de pied-à-terre depuis longtemps, si ce n'est dans la maison familiale de la rue de Bièvre que j'occupe en ce moment. En tant que consul-

1. L'ensemble du projet a coûté 12 millions de francs.
2. Isolinso à Marseille s'est occupée de la construction du bâtiment, Agroconcept, cabinet d'études, nous a aidés à construire l'usine aux normes européennes, et a pris en charge la chaîne du froid.
3. Assurance crédit à l'exportation.

tant, je ne travaille qu'avec des sociétés étrangères, nigériane, américaine, congolaise, et Pierre Falcone, qui n'est pas résident français, me rémunère à partir de ses sociétés à l'étranger. Je n'ai pas, par conséquent, « planqué » mon argent dans des paradis fiscaux pour échapper au fisc français.

En revanche, j'ai versé ou fait transférer directement en France une partie de mes revenus et remboursements de frais pour pouvoir faire face aux dépenses de mon épouse avec laquelle je ne vis plus depuis longtemps, et de mon fils. Ces sommes, je les ai déclarées au fisc en toute bonne foi, payant sur elles, sans le savoir, deux fois mes impôts, en Mauritanie et en France. Quelle ironie pour quelqu'un soupçonné de faire de l'évasion fiscale ! Et la Mauritanie où j'ai tout réinvesti n'est pas à proprement parler un paradis fiscal. Ça se saurait. Je n'ai pas acheté, caché derrière une société écran, de villa sur la Côte d'Azur ou ailleurs. Je ne possède rien en France, ni bureau, ni appartement, ni voiture.

L'usine est en état de fonctionnement depuis fin août 2001. Nous en sommes encore au stade des préliminaires. Tests machines, formation du personnel. Elle prendra son rythme de croisière au quatrième trimestre. Dans un premier temps, nos produits transformés seront destinés à l'élaboration de plats cuisinés, soupe lyophilisée, steaks de poisson, etc. Dès le début 2002, l'usine sera capable de produire elle-même des plats cuisinés qu'elle destinera directement à des grossistes européens. Parallèlement, au fur et à mesure de sa montée en puissance, elle fabriquera des matières premières transformées à très haute valeur ajoutée, entrant dans la composition de produits pharmaceutiques et de beauté. Par exemple, les arêtes de poisson traitées seront utilisées en pharmacie pour des traitements de type ostéoporose, et l'huile de poisson en complément alimentaire, et en cosmétique. La finalité de ce projet est toujours la même : transformer la matière première pêchée, en lui donnant le plus de plus-value sur place. L'idéal serait que tous les produits de la mer soient transformés dans le pays même. Cela éviterait la sur-pêche, le braconnage, le gaspillage, etc. Les industriels locaux seraient beaucoup plus sensibles à la protection de leur richesse naturelle puisque la population en serait la première bénéficiaire.

L'équipe sur place, aussi bien les expatriés que les Mauritaniens, auront su faire face à la tempête arrivée de Paris avec ses hordes de journalistes venus s'assurer, *in situ*, que l'objet du scandale n'était pas un leurre servant à masquer des revenus occultes ou faire du blanchiment d'argent. La presse ne s'est pas montrée toujours honnête à mon égard. Pourtant les journalistes comme les juges ont eu à leur disposition le dossier complet de mon opération mauritanienne avec photos, factures et plan de financement à l'appui.

18

PIERRE FALCONE

Je ne hurle pas avec les loups, n'étant pas loup moi-même. J'ai choisi mon camp depuis longtemps. Je ne crains donc pas de clamer haut et fort mon amitié pour Pierre Falcone. Fût-il homme d'affaires, de droite, inquiété par la justice, charogné par les médias, il est et il restera mon ami. Et je suis prêt, demain, à retravailler avec lui, dans la transparence et la légalité, bien évidemment. Comme ce fut toujours le cas, n'cn déplaise à ccrtains juges.

J'ai rencontré Pierre Falcone au cours de l'été 1992, après mon départ de l'Elysée. Un ami commun avec lequel nous voyagions en famille dans les grands parcs américains de Californie et d'Arizona me l'avait présenté. Au cours de ce périple, nous avions fait escale chez lui. Pierre Falcone nous avait naturellement invités à dîner dans sa maison de Scottsdalles, au cœur du désert, dans la banlieue cossue de Phoenix. Pierre Falcone n'est pas un homme de gauche, le nom de Mitterrand ne résonne pas bien à ses oreilles et le rendait plutôt circonspect à mon égard. Mais l'homme n'est pas sectaire, et il n'a pas l'habitude de mettre des étiquettes sur les gens qu'il rencontre avant de les connaître. La surprise passée, pour lui comme pour moi, Pierre se révéla très vite un hôte ouvert et chaleureux. Et grâce à sa délicieuse et amicale hospitalité, nous passâmes une soirée détendue et agréable.

Contrairement à ce qui est écrit dans tous les journaux de France et de Navarre, Pierre Falcone n'habitait pas à l'époque dans un ranch de mille hectares, mais dans une villa cossue qu'il possède avec sa sœur, José-Lynn. Le lendemain de notre rencontre, il repartait pour l'Europe. Le courant était passé entre nous, et dans les mois qui suivirent, nous nous sommes revus à Paris. Doucement nous avons appris à nous apprécier, et sommes devenus amis, même s'il était toujours entre deux jets. Je fis connaissance de sa famille, de ses parents, de Sonia, qui devait devenir peu de temps après sa femme. L'année suivante, quand je suis retourné en famille dans les Rocheuses afin d'en visiter tous les grands parcs, nous avons commencé notre périple par Phoenix pour y retrouver Pierre.

Excellent homme d'affaires, travailleur et voyageur infatigable, parlant couramment l'anglais, l'espagnol et le portugais, il affichait la mine d'un homme prospère. Mais cette apparente prospérité n'était pas le centre de nos conversations.

Au fil de nos rencontres il me parla de sa vie, du départ de sa famille d'Algérie où son père possédait des sociétés de pêche et de conserverie. Tous les pieds-noirs et les Marseillais se souviennent des boîtes de sardines « Papa Falcone » ! L'indépendance avait cassé le rêve de son père. Il avait, comme tant d'autres, tout perdu. Arrivés en France, les pieds-noirs furent considérés comme des citoyens de seconde classe. La France ne se sentait pas d'obligations particulières envers eux. Pierre s'en souviendra. Après son service militaire, il décida de partir au Brésil pour faire fortune. Faire sienne la revanche de son père. Réparer le tort fait par la France à ses propres citoyens et aux harkis.

Il se spécialisa dans l'exportation de fruits et légumes

sur la Californie. C'est ainsi qu'il tomba sous le charme de l'Arizona. Ses grands espaces, ses collines piquées de cactus aux lumières changeantes, les ocres satinées de sa terre, jusqu'au rouge flamboyant de ses couchers de soleil.

Son cercle d'action s'étendit rapidement sur tout le continent américain. Il possédait des bureaux en Argentine, au Venezuela, en Colombie, aux Etats-Unis et au Canada.

Il avait choisi de travailler dans des pays économiquement faibles, et dont la visibilité politique à moyen terme était souvent floue. Il savait conquérir des marchés aux larges potentialités, en offrant des produits de qualité dont il garantissait le paiement en retour auprès des banques. Un capital risque à faible concurrence où il gagnait sur le volume des affaires brassées, même s'il n'était pas gagnant à tous les coups.

Nous évoquions souvent l'Afrique, mais nous en avions une approche différente. Il était influencé par sa propre histoire, sa culture et ses opinions politiques. Nos analyses divergeaient sur l'Angola. Le pays était fracturé par une guerre civile depuis plus de vingt-cinq ans. D'un côté le MPLA, parti marxiste du président en fonction, Eduardo Dos Santos, soutenu par l'URSS et Cuba, de l'autre l'UNITA de Jonas Savimbi, appuyé par les Etats-Unis, le Zaïre et l'Afrique du Sud, du temps de l'apartheid. Un vrai succédané de la guerre froide... Pays en guerre, mais pays riche dont les ressources immédiates sont le pétrole, contrôlé par le MPLA, et le diamant présent en très grandes quantités dans les zones occupées par l'UNITA. C'était un très joli gâteau avec beaucoup de fruits confits et de crème. Un très joli gâteau, très convoité, mais d'approche délicate.

En 1992, sous l'égide de l'ONU, un cessez-le-feu fut signé, et un processus électoral engagé. Dans la course, les deux frères ennemis, Jonas Savimbi, que le président américain Ronald Reagan avait qualifié officiellement quelques années auparavant de « combattant de la liberté », le président Dos Santos, et une « troisième force » qualifiée de « très faible ». Si aux Etats-Unis le soutien à Savimbi relevait de l'unanimisme, en France il revêtait l'habituelle fracture gauche/droite. Savimbi et son parti de l'UNITA recevaient le soutien actif du RPR en particulier, et de la droite en général qui était aux affaires sous le gouvernement Balladur. La société pétrolière Elf, qui n'était pas encore privatisée, essayait de ménager la chèvre et le chou pour préserver et étendre ses domaines d'exploitation aussi largement que possible. Politique ambiguë qui ne lui valut pas que des succès. Pierre Lethier affirme dans son livre [1] qu'Elf « depuis longtemps redoute que Savimbi ne s'empare de Soyo, la base arrière de toutes ses activités » : « J'explique en vain, dit-il, que Savimbi est incapable de menacer durablement Soyo... J'ai des conversations à ce propos. Sirven veut "traiter le problème en amont" bien avant qu'il ne surgisse. Tout indique que l'UNITA va être obligé de se replier sur sa région tribale pour y exploiter le diamant abandonnant le pétrole aux maîtres de la côte... André Tarallo (quant à lui) croit à l'affaiblissement et à la disparition de l'UNITA. » Joli imbroglio.

Tout le monde, en France comme aux Etats-Unis, donnait Savimbi vainqueur, sans doute aveuglé par l'effondrement du bloc soviétique qui isolait Dos Santos davantage.

Mon analyse était différente. J'étais persuadé que M. Dos Santos pouvait gagner les élections présidentielles et son parti, le MPLA, les législatives. Le rejet profond de Savimbi par une partie de la population qui aurait dû être son allié objectif avait toujours été pour moi une interrogation. Je parle de Savimbi, l'homme, le

1. Pierre Lethier, *Argent secret*, Albin Michel, 2001, p. 130.

chef de guerre, plutôt que de son parti. Le ventre mou des électeurs traditionnellement antimarxistes se tournait toujours au dernier moment en faveur de Dos Santos. Lors d'un entretien avec une autorité religieuse catholique, dont l'influence est certaine dans cette ancienne colonie portugaise, je posai la question de son attitude dans l'hypothèse d'un second tour Savimbi/ Dos Santos. La réponse fut très nette : « Dos Santos ! — Pourquoi ? Vous le percevez comme le représentant d'une dictature marxiste. — Tout plutôt que Savimbi ! » a répondu cette personne sans l'ombre d'une hésitation. La messe était dite.

J'en avais même fait part à mon père lors d'un dîner de famille. Il m'avait gentiment repoussé dans mes cordes, arguant du fait que, n'étant plus aux affaires, mes raisonnements s'en ressentaient. « Note ! lui avais-je répondu. On en reparlera au lendemain des élections... » Comme d'habitude, il avait préféré changer de sujet.

Le MPLA gagna très largement les législatives, et le président Dos Santos frôla les 50 % dès le premier tour. Le choc politique était proportionnel aux ambitions déçues. L'UNITA reprit immédiatement la guérilla, empêchant la tenue du second tour de l'élection présidentielle, qualifiée pourtant de « régulière » par l'ONU qui l'avait supervisée.

Après les élections tronquées par la reprise de la guérilla, le président Dos Santos et son parti le MPLA devenaient les représentants légitimes du pays, et les embargos qui pesaient sur lui furent levés, tandis qu'ils étaient maintenus, et même durcis, envers l'UNITA qui n'avait pas respecté le jeu démocratique.

En tant que consultant, à tous ceux qui me demandaient quel pays du continent africain était le plus intéressant en termes d'investissement, je répondais invariablement : l'Angola, malgré sa situation instable.

Le gouvernement de Luanda avait la possibilité de tenir militairement face aux actions armées menées par Savimbi, et la situation pouvait se retourner à son avantage. Savimbi avait abandonné la stratégie de guérilla qui lui permettait d'entretenir l'insécurité et de maintenir la pression sur le gouvernement, mais sans avoir les moyens de s'impliquer dans une guerre traditionnelle. Il attaquait les forces du gouvernement de Luanda sur son propre terrain. Mais ce dernier était toujours plus fort et mieux organisé. De plus, Savimbi perdait ses bases arrière d'approvisionnement : le Zaïre devenu Congo démocratique avait implosé. L'Afrique du Sud avait changé de régime. Les Etats-Unis ne pouvaient plus approvisionner l'UNITA en raison de l'embargo décrété par l'ONU. De plus l'Angola était intervenue au Zaïre, aux côtés de Kabila, et au Congo-Brazzaville, en faveur de Sassou Nguesso. Cette stratégie avait comme toile de fond la lutte contre l'UNITA afin de le couper de ses sources d'approvisionnement, même illégales.

Bien peu de sociétés ou d'hommes d'affaires étaient prêts à prendre le risque d'investir dans un pays en guerre et restaient dans l'expectative d'une solution du conflit.

Pierre Falcone ne fut pas de ceux-là. Début 1993, je croisai à Paris Jean-Bernard Curial, membre du Parti socialiste, spécialisé dans les relations avec l'Afrique australe, et patron d'une ONG humanitaire, la STIRED. Il revenait alors de Luanda où il avait rencontré le président Dos Santos qui lui avait fait part de ses difficultés politiques, économiques, financières et militaires. Dos Santos espérait que Curial pourrait faire remonter l'info jusqu'à Paris, auprès des autorités politiques françaises, ne sachant plus lui-même à quel saint se vouer depuis la cohabitation. Saint Balladur ou saint Mitterrand, là était la question.

J.-B. Curial avait cependant fait passer le message de

Dos Santos à mon successeur aux Affaires africaines, M. Bruno Delaye. Ce dernier lui avait fait part, en retour, des difficultés qu'il avait à faire appliquer une politique africaine en ces temps cohabitationnistes, le clan pro-Savimbi étant aux commandes. Charles Pasqua à l'Intérieur, Philippe Léotard à la Défense, et Alain Madelin à l'Economie.

Personnellement je ne pouvais pas faire grand-chose pour Curial non plus, mais je lui parlai de Pierre Falcone dont je connaissais le goût pour les challenges difficiles. J'informai Falcone de ma conversation avec Curial, il décida de le rencontrer. Avec son aide, il entra en contact avec les autorités angolaises, à Paris et Luanda. Il voulait se faire une opinion par lui-même, calculer ses risques d'investissement à court ou long terme. Une évidence s'imposait à lui, la richesse potentielle de ce pays, notamment au niveau pétrolier, n'était pas en adéquation avec la réalité d'un Etat déficitaire qui manquait cruellement de disponibilités financières et qui avait épuisé toutes les possibilités d'aides et de prêts auprès des pays amis, ainsi que des organismes internationaux. De retour d'Angola, Pierre Falcone décida de monter des « pools » financiers qui serviraient à prêter de l'argent à l'Angola contre des barils de pétrole à venir. Il ne fallait pas compter sur la coopération française bloquée par les tiraillements de nos politiques.

La première transaction portait sur un approvisionnement en médicaments, nourriture et couvertures, payé en pétrole, en temps et en heure, par la Société nationale des hydrocarbures, la Sonangol, selon les termes du contrat négocié par Pierre Falcone. La Sonangol avait la réputation d'avoir toujours respecté ses contrats de livraison même aux pires moments de la guerre civile. Chacun trouvait son compte dans cette opération. L'Angola qui avait besoin de liquidités financières, les banques remboursées avec intérêts, et les « traders » qui vendaient leur brut.

Néanmoins, la situation politique et militaire restait précaire. Pierre Falcone me demanda de devenir son conseiller pour l'Angola et l'ensemble de la région, où il désirait s'impliquer davantage. Le Zaïre était en train d'imploser, et le Congo-Brazzaville entrait en guerre civile. Il y avait matière à inquiétude, d'autant que l'Angola, était partie prenante dans les deux conflits, s'imposant comme une véritable puissance régionale. Mais à quel prix ! Un prix que n'étaient pas prêts à payer grand nombre d'investisseurs, désireux d'avoir une « lisibilité » à moyen terme du pays, au moins le temps pour eux d'être remboursés de leur prêt.

Mes interventions auprès de Pierre Falcone se passaient d'intermédiaire. Nous faisions très régulièrement le point ensemble à Paris, Londres ou Phoenix où réside sa famille. Je menais mon activité en solitaire. Je n'ai jamais rencontré dans ce cadre précis MM. Jacques Attali, Paul-Loup Sulitzer, Jean-Charles Marchiani ou Charles Pasqua[1]. Je n'ai pas non plus présenté des officiels français ou angolais à Pierre Falcone pour monter ses affaires. Il a établi ses propres contacts. Mon fameux carnet d'adresses est resté fermé.

La situation en Angola s'améliorait un peu, et les propositions de financement « prêts contre pétrole » tendaient à augmenter, mais en s'appuyant de plus en plus sur du long terme. Avec son talent, Pierre avait réussi à monter des pools financiers qui acceptaient des remboursements accompagnés de délais de grâce importants. Depuis bien longtemps l'Angola n'avait pas connu une telle confiance et une telle manne s'ouvrant à lui. Le pays avait le sentiment de redevenir économiquement fréquentable, et avait repris ses négociations avec le Fonds Monétaire International (FMI).

1. Je n'ai croisé Charles Pasqua que lorsqu'il était ministre de l'Intérieur du gouvernement Chirac entre 1986 et 1988.

Mon travail avec Pierre Falcone s'arrêtait donc à de la prospective politico-économique. Mon travail se situait en amont, et uniquement avec lui. Et je n'ai été rémunéré que pour cette seule compétence. Le relationnel et l'entregent n'entraient pas dans mes fonctions. Il n'a jamais été question que je me rende en Afrique avec lui, ni que je participe aux montages financiers avec les banquiers et les pétroliers. Je lui ai plusieurs fois proposé de venir me voir à Nouakchott lorsqu'il se rendait en Afrique, mais il n'avait jamais le temps. C'était un homme pressé. Au cours de nos très nombreuses rencontres et conversations, je tiens à préciser qu'il n'a jamais été question de ventes d'armes. Jamais. Et encore moins de trafic.

C'est seulement après la parution de l'article de *L'Evénement du Jeudi*[1] révélant un prétendu trafic d'armes entre l'Angola et les pays de l'Est monté par Pierre Falcone et Arcady Gaydamac, article qui avait échappé à mon attention et pour lequel le journal fut condamné pour diffamation, que Pierre évoqua avec moi les suspicions dont il faisait l'objet : « Je n'achète, ni ne vends des armes, me dit-il. Je suis mandaté par le gouvernement angolais pour s'assurer que ses commandes de matériel militaire avec ses anciens fournisseurs d'Europe de l'Est se passent bien sur le plan des livraisons, de la logistique et du paiement. » Il me montra son passeport diplomatique angolais, et divers papiers officiels pour prouver sa bonne foi. Je n'avais aucune raison de douter de sa parole.

Un Etat souverain achète du matériel militaire à une société d'Europe de l'Est reconnue, qui existe depuis de nombreuses années, et un mandataire est désigné par ce gouvernement pour assurer le suivi de la transaction. Quoi de plus normal ? Ce n'était pas Pierre Falcone qui

1. Décembre 1996.

achetait, vendait ou payait. L'acheteur était un Etat qui n'est pas sous embargo : l'Angola. Le vendeur : des pays de l'ex-Union soviétique. Le payeur : l'Etat angolais. Où est l'« affaire » ? Et en quoi suis-je concerné ? La France vend et achète du matériel militaire, elle occupe même le troisième rang mondial dans ce domaine. Toutes les personnes qui travaillent pour des sociétés publiques ou privées dans ce secteur devraient donc être suspectées de « trafic » ou « complicité de trafic » d'armes... MM. Lagardère, Dassault, et même au premier chef, l'Etat.

Il n'a jamais été question de commerce d'armes. L'acheteur était un Etat : l'Angola. Le vendeur : des pays de l'ex-Union soviétique. Le payeur : l'Etat angolais. Lors de ma première audition le juge m'avait demandé si je connaissais la société « Zts-ozos ». C'était la première fois que j'entendais ce nom, et il s'est bien gardé de me dire quelle était sa raison sociale ainsi que sa nationalité. Quelques jours plus tard, c'est au cours d'une interview qu'une journaliste de France 2 me révéla la nature de ses activités commerciales.

Pierre Falcone évoquait plus volontiers avec moi les montants importants des prêts dégagés sur l'Angola, de la renégociation de la dette angolaise vis-à-vis de l'ex-URSS, qui permettaient une diminution importante de sa dette extérieure mais aussi le rétablissement de ses finances publiques et l'investissement dans divers domaines comme l'hôtellerie, les voies de communication, le téléphone ou le système bancaire.

Et moi, je me trouvais englué juridiquement et traîné dans la boue pour « complicité de trafic d'armes » ! Quant au « trafic d'influence aggravée », il signifie que j'aurais utilisé mes relations pour faire pression sur des responsables français ou étrangers (angolais en l'occurrence) dans le cadre de mes anciennes fonctions à l'Elysée, grâce à ce nom béni et maudit à la fois. Or je ne connaissais pas Pierre Falcone du temps où j'étais en poste à l'Elysée. Quant à l'« abus de bien social » ? Je n'ai travaillé avec aucune société française depuis 1996. Dois-je le déplorer ?

Avant même d'avoir eu la possibilité de répondre à ces questions, je me suis retrouvé en prison. En « détention provisoire », comme ils disent, afin que je ne puisse pas faire pression sur les témoins, ni faire disparaître des preuves. Quels témoins ? Parmi les dizaines de personnes entendues en audience dans cette affaire, je ne connais que Pierre Falcone, déjà incarcéré, Jean-Noël Tassez, dont je ne comprends pas très bien ce qu'il est venu faire dans cette galère, et Jacques Attali avec lequel je n'entretiens aucune relation.

Faire disparaître les preuves ? La perquisition par le juge le 2 décembre 2000 avait déjà fait place nette : quelques photos, un vieux dossier sur l'Angola, parmi d'autres dossiers africains, constitué d'analyses et de coupures de presse, des relevés de comptes bancaires, une note sur le système de montage financier garanti sur des matières premières, une facture d'hôpital de Montréal où mon fils avait été soigné en août 2000, et que j'avais fait adresser chez la sœur de Pierre qui réside dans cette ville, une note manuscrite datant du sommet France-Afrique de Casablanca de 1991 qui faisait le point sur les demandes de rendez-vous avec mon père par les délégations présentes. Cette note était sans doute considérée comme une preuve à charge accablante mouillant même le président de la République, car parmi les délégations figurait l'Angola représenté, si je m'en souviens bien, par son ministre des Affaires étrangères. Etant donné l'emploi du temps très chargé de mon père, habituel lors de ces sommets, j'avais suggéré de regrouper le rendez-vous angolais avec la délégation du Mozambique.

J'ai donc officiellement travaillé avec Pierre Falcone,

je le reconnais volontiers, mais pas dans les domaines mis en exergue par la justice, et certains de ses commis, je veux dire certains journalistes. Oui, Pierre Falcone a décidé de me rétribuer pour mes services. Il m'avait proposé de m'intéresser aux bénéfices des opérations financières. Les premiers versements que j'ai reçus l'ont été au titre d'avances sur les contrats à venir pour faciliter le financement de mes projets en Mauritanie. Comme d'autres sociétés ou hommes d'affaires l'ont fait, avant et après lui. C'était mon rôle de consultant. N'avais-je aucun droit à exercer mes compétences ? Fallait-il que je jette aux orties plus de trente ans de ma vie et de mon expérience professionnelle, et avec quelle arrière-pensée ?

Ma connaissance de la terre africaine et les amitiés que j'y ai nouées ne se sont pas faites d'un simple claquement de doigts, juste parce que j'étais le « fils de... ». Tous mes amis d'autrefois n'étaient pour la plupart que des étudiants, des fonctionnaires ou des militaires lambda quand je les ai connus. Par la suite, certains ont occupé des postes importants dans leur pays, sont devenus ministre ou Président, après des années passées dans l'opposition clandestine, quand ils avaient à souffrir des affres du parti unique.

D'autre part, les liens que j'ai entretenus avec un certain nombre de dignitaires africains ne se sont pas tissés du jour au lendemain. Ils sont le fruit d'une coopération et d'un travail dans le cadre de ma fonction à l'Elysée, et non d'une connivence qui aurait à satisfaire des appétits personnels de part et d'autre.

Il m'est même arrivé de présenter à mon père, à la fin des années 80, des personnalités encore dans l'ombre qu'il ne connaissait pas, comme Tabo Mbeki, actuel président d'Afrique du Sud. Mbeki était alors représentant de l'African National Congress (ANC) à Londres, alors que Mandela était encore en prison. Je l'avais invité à l'Elysée pour déjeuner. A l'époque, presque aucun officiel n'osait le recevoir publiquement en raison des pressions diplomatiques que le gouvernement sud-africain faisait peser. Durant son séjour, je l'avais également fait venir rue de Bièvre pour y rencontrer mon père qui lui avait réservé un entretien en tête à tête.

Au moment où j'écris ces lignes, Pierre Falcone est toujours en prison depuis le 1er décembre 2000. En « détention provisoire », alors qu'il s'est rendu volontairement à la convocation du juge. Où se situe la présomption d'innocence ? Dans cette affaire, les impôts sont les seuls plaignants.

19

DANS LA TENAILLE

La sidération, l'abattement et la colère. La justice se comporte parfois comme une fille légère ; elle a ses têtes, ses intuitions, ses intimes convictions. Face à moi, elle portait un masque. Le masque de la justice. Mais ce n'était pas elle. Ce n'est pas moi qui me suis trouvé sur son chemin, c'est elle qui s'y est mise. Justice prédatrice. Un certain goût pour les tableaux de chasse. C'est un paradoxe banal, quand la justice devient le loup : on devient aussi l'agneau. Saisi par le vertige, impuissant, je l'ai vue s'approcher de moi en se léchant les babines pour me prendre dans sa gueule.

Le 2 décembre au petit matin, j'ai eu vent de la tempête qui allait m'emporter, quand le juge Courroye, accompagné de sa greffière et d'une demi-douzaine de policiers, font irruption rue de Bièvre dès potron-minet. Sans tambour, ni trompette, méthodiques, déterminés, ils soulevèrent questions et effets personnels, dans la partie d'habitacle que j'occupe lorsque je suis de passage en France dans la maison familiale. En l'occurrence, l'ancienne chambre de mon père. Je subis cette perquisition comme un viol, la fouille systématique comme un arrachement. Mais on l'accepte, à défaut de la comprendre. Quand je réclamai une explication, le juge me répondit : « Je ne répondrai qu'en présence de mon avocat. »

Humour bien mal placé dans un moment pareil. Et alors ? Rien. J'étais juste interrogé comme témoin. En signant l'audition, je vis qu'il s'agissait de l'affaire Guilloux et de « blanchiment d'argent ». Je ne comprenais toujours pas exactement de quoi on parlait. Drôle de témoin : ma chambre était mise sens dessus dessous. Témoin mais voyou. De 7 heures du matin à midi, l'interrogatoire se déroula avec ce qu'il faut de civilité pour rester neutre, même si la tension était perceptible. Un sentiment diffus d'angoisse atténuait ma colère. Mais un autre sentiment me mettait mal à l'aise : celui qui paraissait animer le juge Courroye ressemblait à une jouissance feutrée, discrète et incongrue. Il caressait du regard ce *sanctuaire* visité et revisité, sans ménagement. J'étais coupable. Mais de quoi ? D'abord d'être son fils. Le fils du mort.

La perquisition finie, inquiet et désarçonné, je téléphonai à un avocat, Remy Wilner, que je connaissais par un ami. Que se passait-il ? Il ne savait pas. Il fallait attendre. Pas de dossier. Le blanchiment, c'est très fort, et hors de ma circonscription morale. Et Guilloux n'était pas mon conseiller fiscal ni même une relation. Falcone était en prison. Jusqu'à quand ? Apparemment la presse était mieux informée que nous ne l'étions. Mais le nom de Mitterrand est un gyrophare. Il attire l'attention et stimule des esprits malintentionnés contents de s'en servir comme paillasson pour s'essuyer les pieds. Ils se trompent de combat, et bien sûr de méthode. Mais mon acrimonie ne se retournera pas contre eux. D'ailleurs elle n'ira nulle part. En ce qui me concerne, j'ai la détresse presque légère. Ne compte que la peine de mes proches. Le vilain petit canard de l'illustre famille Mitterrand n'est pas devenu un cygne, mais je ne suis ni escroc, ni affairiste pour autant. On peut aimer les paradis sans qu'ils soient fiscaux, et l'Afrique sans être trafiquant d'armes ou manipulateur d'argent sale.

Je fus convoqué le 21 décembre 2000 à 9 h 30 à la Brigade financière. Je revenais spécialement du Sénégal ou j'étais en déplacement professionnel. Dans la minute qui suivit mon arrivée rue du Château-des-Rentiers, j'étais mis en garde à vue dans l'affaire Falcone-Guilloux, et je subis un interrogatoire par les policiers de la Brigade financière qui passèrent à la moulinette mon patrimoine, mes relations personnelles et professionnelles. Témoin en « garde à vue ». Curieux statut que celui de « témoin » et/ou « présumé coupable ». A cette époque la loi n'avait pas changé, et je ne bénéficiais pas encore d'un avocat. J'étais pelé comme un oignon. Chaque question et chaque réponse étaient faxées dans l'instant au juge Courroye. A 20 heures, direction boulevard des Italiens pour être entendu par le juge au pôle financier. Mes avocats enfin habilités à m'assister avaient trois quarts d'heure pour consulter un dossier qui comporte onze volumes. L'instruction était lourde. J'attendais dans une cellule le retour du juge Courroye qui était allé dîner. J'avais une envie de fumer à me damner, mais j'avais donné mon paquet de cigarettes à un « gardé à vue » qui patientait dans la souricière depuis trente-six heures ! Je n'avais pas imaginé une minute que je n'aurais pas l'occasion de m'en procurer avant un certain temps.

A 22 h 30, je pénétrai avec mes avocats, deux gendarmes et la greffière dans le bureau des juges Courroye et Presvost-Desprez. L'ambiance était à couper au couteau. Nous nous installâmes serrés dans la tenaille du bureau en L devant lequel siégeaient les deux juges, le visage éclairé en contre-plongée par la lumière jaunâtre de la lampe de bureau. On se serait cru chez Simenon. J'avais moi-même l'impression de jouer dans un mauvais film. Ce personnage, acculé devant ses juges, dans ce décor sinistre, ce n'était pas moi. Alors le juge Courroye égrena d'une voix glacée sa litanie : « J'ai décidé de vous mettre en examen pour complicité de commerce illicite d'armes, trafic d'influence par une personne investie d'une mission de service public, recel d'abus de biens sociaux, recel d'abus de confiance et trafic d'influence aggravé. » Un coup de massue eût été plus léger. Et puis n'en jetez plus, la cour est pleine. Il finit : « Vous voulez répondre sur le fond ou prendre un peu de temps pour examiner votre dossier ? » Je bafouillais presque : « Je ne comprends pas l'accusation de trafic d'armes », et je commençai, sans m'en rendre compte, à répondre sur le fond. Le juge se leva comme un diable et se diriga vers l'ordinateur. Il enchaîna : « Nom, prénom, adresse, nom du père... » Etait-ce une blague ? L'un de mes avocats lui fit part de son étonnement « Monsieur le Juge, vous connaissez mon client ? ! » Et moi, prêt à lui donner l'âge du capitaine : « On recommence tout de zéro ? » Je venais d'être interrogé près de douze heures par les policiers. Où allait-on ? Je lui expliquai que je préférais dans ces conditions ne pas répondre sur le fond tout de suite. Il me fallait un peu de temps pour examiner les dossiers et comprendre les charges retenues contre moi. En particulier celle concernant le trafic d'armes. J'avais passé douze heures avec les policiers de la Brigade financière sans que cette question ne soit évoquée. Je finis mon laïus, je me tenais prêt à partir pour revenir lorsqu'il me reconvoquerait, avec mes réponses sous le bras.

« J'ai des réquisitions du parquet pour vous incarcérer ! » La substitut, discrète, assise au fond du bureau, derrière moi, commence à égrener les raisons pour lesquelles il est nécessaire de me mettre à l'ombre : la « gravité de l'affaire, la multitude d'intervenants, les sommes engagées, les risques de pression sur les témoins éventuels... » Un moment je me tourne vers elle. Elle ne me regarde même pas dans ce bureau de quelques mètres carrés. Commence alors un « débat contradictoire » avec mes avocats. Il est inutile de l'incarcérer, il ne connaît aucun des protagonistes, excepté Pierre Falcone déjà à Fleury-Mérogis. Il est même venu de lui-même à la convocation, revenant spécialement de l'étranger, ce qui prouve qu'il n'a pas l'intention de fuir. Rien n'y fait, aucune réaction chez les juges. Les jeux étaient déjà faits.

Sa réponse tomba comme un couperet : « J'ai décidé de vous incarcérer. » Les mots étaient sa guillotine à lui. Il avait chaud. De fines gouttelettes perlaient sur son front. Moi, le froid me glaçait les os. Je fis marche arrière, totalement déstabilisé : « Attendez, je vais continuer à répondre sur le fond. » Mon avocat surenchérit, tandis que le juge Courroye continuait ses travaux d'écriture : « Mon client n'a pas bien compris... » Le juge lui coupa la parole : « Maître, vous avez une défense calamiteuse. De toute façon, c'est trop tard, votre client a choisi. » J'avais donc choisi de me faire mettre au trou, sans le savoir. Le papier de mon incarcération était déjà prêt et sortit tout imprimé comme par enchantement du tiroir du juge. Formidable ! Et on prétend que la justice est lente ! De quelles preuves parlaient-ils ? Je me taisais, statufié. Vidé, sans réaction. Je ne m'appartenais plus, j'étais étranger à moi-même, comme si je m'étais regardé vivre à distance. Schizo. Je fus emmené dans les cellules du pôle financier où je croisai Paul-Loup Sulitzer, décomposé, qui attendait à son tour d'être reçu par le juge. Visiblement, il ne savait pas à quelle sauce il allait être mangé, mais lui devait connaître ma destination... C'était la première fois de ma vie que je le croisais, il y a mieux pour une première rencontre. Cependant nous échangeâmes quelques signes de sympathie au travers des portes blindées en verre des cellules. Malgré la demande pressante de mon avocat, je fus emmené menotté durant le transport jusqu'au dépôt sur l'île de la Cité, à quelques dizaines de mètres de chez moi, accompagné de policiers armés de fusils. Bien sûr, les journalistes étaient là. D'ailleurs je ne cherchais pas à éviter les objectifs. Ce n'est pas moi qu'ils mitraillaient, c'est un autre. Je ne réalisais toujours pas ce qui m'arrivait.

Première fouille. Un policier alla me chercher un paquet de cigarettes. Je le remerciai chaudement. Le policier chargé de mon transfert à la Santé m'enleva les menottes — « Vous ne semblez être un danger ni pour vous-même, ni pour personne » —, et nous partîmes pour la prison toutes sirènes hurlantes. Il était 1 heure du matin quand nous arrivâmes devant l'établissement pénitentiaire. Mes amis les photographes étaient là. Moi j'étais toujours ailleurs.

Je subis les habituelles formalités d'entrée dans ce type d'établissement : photo, numéro d'écrou, empreintes digitales, mise à nu et dépossession des affaires personnelles, ni lacet, ni cravate, ni ceinture. On me remit un petit ballot qui renfermait draps, couverture et quelques ustensiles de première nécessité, assiettes, savon, brosse à dents... On me donna un sandwich, une pomme et de l'eau. J'eus même le droit de prendre une douche. La porte se referma. Gros bruit de clef. Verrou. Je m'endormis assommé, tout habillé.

Sur ce fameux quartier des particuliers de la prison de la Santé, qualifié de « VIP » par la presse, tout a été dit. Un endroit si formidable que Bernard Tapie n'a pas hésité à demander son transfert pour être incarcéré « comme les autres et avec les autres, les anonymes », aux Baumettes de Marseille. Il y a sûrement rencontré quelques supporters de l'OM. Ça réchauffe.

En dehors de l'ancien directeur de la SOFREMI, Bernard Poussier, incarcéré pour la même affaire, qui sera transféré le lendemain de mon arrivée, et grâce auquel je serai contraint de rester enfermé dans ma cellule le premier jour pour éviter tout contact avec lui, nous n'étions que six à occuper ce territoire particulier. Long couloir récemment repeint aux couleurs du soleil et du ciel, murs jaunes et portes bleues. A l'intérieur, des prisonniers peu ordinaires, deux policiers en détention provisoire, Maurice Papon que j'apercevais parfois en fin d'après-midi dans la « salle d'activités », et Michel Crozemarie qui ne sortait jamais de sa cellule, ni même de son lit, momie dans son caveau. Je tapais le carton avec les deux flics, discutais parfois avec Papon. Entre prisonniers, nous ne parlions jamais directement de nos problèmes. Les sujets de conversation restaient très à l'écart de ce qui nous touchait. Par peur de flancher, par pudeur, par honte, je ne sais pas. Entre Noël et jour de l'an, nous avons fait pot commun avec les colis que nous avions reçus. Bombance relative, les cœurs étaient amers. Et le mien saignait pour mon fils, même s'il ne recevait que des marques de sympathie et de solidarité de la part de ses camarades. Les temps avaient changé. A son âge, lors de l'attentat de l'Observatoire, le lycée était devenu pour moi un chemin de croix.

Je réalisais peu à peu ce qui m'arrivait. Mais je zappais encore les infos qui me concernaient à la télé. C'était trop difficile. L'hallali était déjà lancé. Des preuves ? Seulement les présomptions du juge Courroye. « L'honneur perdu de Jean-Christophe Mitterrand », titrait dès le lendemain un magazine bien informé. Comment cet organe de presse important aurait-il eu le temps, vu les délais d'impression, de prendre connaissance des pièces du dossier pour se faire un avis ?

Qui sont-ils ces médias pour juger, jeter l'opprobre et, surtout, sur quoi se basaient-ils ? Remplaceraient-ils la justice ? Imaginons, et j'en reste persuadé, qu'aucune charge ne soit retenue contre moi concernant toutes mes « mises en examen », le même magazine titrerait-il : « L'honneur retrouvé de J.-C. Mitterrand » ? Sûrement pas. Mon innocence ne vaut pas plus de quatre lignes. Une brève en bas de page

Mes avocats, Me Jean-Pierre Versini-Campinchi et Rémy Wilner se relayèrent pour me rendre visite deux fois par jour. La défense se mit en branle, j'entrais enfin dans la bagarre. Un premier référé-liberté fut refusé. Une autre date fut fixée pour l'appel. J'organisais ma vie carcérale en fonction de ces échéances, avec déjà un pied à l'extérieur. Les visites au parloir de ma mère et de mon frère m'aidaient à tenir le coup. Les liens se resserraient. Je réalisai que la prison, c'est un peu comme la pension. Un enfermement et une fuite.

Le parloir avec la famille était une épreuve difficile. Avec les avocats, c'était le combat qui s'organisait. Le moral remontait : on parlait d'avenir, de la meilleure façon de sortir de la nasse. Avec la famille, nous étions déjà dans des mondes différents. Il est difficile de trouver les mots. Chacun parle avec sa peine. Chacun se sent coupable, l'un d'être « dedans » l'autre « dehors ». J'avais la gorge serrée, j'avais du mal à leur parler. Je me sentais perdu, je voulais m'excuser. Ils étaient là, présents, resserrant les rangs du clan, protégeant le frère et le fils. Les mots maladroits de ma mère, je les ai trouvés admirables. Mon frère, si discret médiatiquement d'habitude, est monté au filet. Au JT de 20 heures, il a trouvé les mots qu'il fallait pour expliquer l'imposture, il était clair, il « passait » bien. Je regardais l'émission du fond de ma cellule, il me faisait un bien fou. Il faut comprendre que, en prison, on est non seulement privé de liberté, mais surtout de parole. Il est impossible de se défendre. Voir son frère, sa mère et ses avocats parler à votre place, prendre votre vie en main fait chaud au cœur et vous aide à supporter l'isolement et la longue traîne des jours. La dernière fois que ma mère est venue me voir dans cette petite pièce triangulaire comme une part de tarte, où il est difficile de tenir à trois, elle était fatiguée, les yeux rougis par le manque de sommeil J'étais presque obligé de lui remonter le moral. En ressortant, elle a croisé dans le couloir la famille de Maurice Papon qui faisait « parloir voisin ». Elle l'a saluée. Toujours polie, maman.

On a beaucoup glosé lorsque j'ai refusé la première fois de payer ma caution. La raison en était simple. Si j'acceptais l'idée de devoir verser un million de francs, censés m'empêcher de fuir à l'étranger, en revanche je refusais celle d'en verser quatre autres évalués en fonction des provisions pour les parties civiles, ainsi que les frais de justice et amendes à payer au cas où je serais *coupable. Coupable*, le mot était lâché. Cette disposition est un contresens tout à fait inadmissible à la présomption d'innocence.

Lorsque les avocats de la défense des autres « mis en examen » ont découvert trois raisons de nullité — notamment un document antidaté du juge, et un décret datant de 1939 qui stipulait que, dans une affaire de trafic d'armes, c'est au ministre de la Défense de porter plainte —, certains médias et politiques comme le député européen Thierry Jean-Pierre ont déclaré que j'étais prêt à rester en prison pour ne pas payer cette caution. Car s'il y avait nullité, il n'y aurait plus de procès, donc plus de caution. Mais ce n'était pas précisément ma thèse. Alors j'ai dit à ma mère : « Cherche la caution. »

Quand je suis sorti de prison, j'ai poussé un grand coup de gueule, diversement apprécié. J'en avais gros sur l'estomac. Parce qu'un juge avait décidé que j'étais a priori coupable, trois semaines avant l'application d'une nouvelle loi qui l'eût empêché de décider seul de m'envoyer trois semaines au trou ; mais la justice l'ayant désavoué, je fus libéré moyennant une caution exorbitante. Le juge Courroye avait ainsi signifié devant la France entière que j'étais un escroc, ce fameux fils de... « nom, prénom et profession de votre père », bon à rien et mauvais en tout, crampon de son père, bénéficiant d'un passe-droit *ad hominem* si je puis dire. De dilettante, j'étais passé au statut de mafioso. Cette distinction a fait de moi la personne la plus antipathique pour les Français, battant G.W. Bush et Roland Dumas d'une tête, selon un sondage publié quelques jours après ma sortie de la Santé.

Beaucoup de personnes m'ont reproché d'avoir utilisé des mots trop durs envers les juges, risquant de réveiller le corporatisme des magistrats. Comme s'il avait besoin de moi pour exister ! Je ne me crois pas au-dessus des lois, et à aucun moment je n'ai attaqué la justice, ni contesté que l'on puisse faire une enquête sur ma personne. J'ai simplement dénoncé l'attitude d'un homme, sans attaquer sa fonction. Tout homme reste un homme, quel que soit son métier. Pourquoi d'autres juges m'auraient-ils sorti de prison, s'ils n'avaient pas estimé que le juge Courroye s'était fourvoyé ? J'y serais peut-être encore aujourd'hui alors que j'écris ces lignes.

Six mois plus tard, la Cour de cassation annulait la décision du juge sur la mise en examen pour trafic d'armes et de complicité, au prétexte que le ministre de la Défense n'ayant pas porté plainte au moment des faits, le délit n'existait pas. De plus, le Secrétariat général du gouvernement (SGDG), service dépendant du Premier ministre, interrogé par le juge, confirmait qu'il ne pouvait y avoir trafic d'armes puisque l'affaire s'était conclue hors du territoire français. Si fin juin, je n'étais plus mis en examen pour « complicité de trafic d'armes », le 4 juillet, j'y étais de nouveau, le ministre de la Défense ayant déposé plainte entre-temps, contre l'avis de ses services.

Que devenaient mes trois semaines d'embastillement ? Inutiles selon les juges de la cour d'appel, illégales selon la plus haute autorité judiciaire de notre pays, la Cour de cassation, mais tout le monde s'en fiche. Ce sera peut-être une parenthèse de non-droit dans ma vie.

Le 4 juillet, je me retrouvai donc une nouvelle fois devant le juge d'instruction pour « complicité de trafic d'armes ». Il fallut faire comme si la première mise en examen n'avait pas existé, et le juge me reposa exactement les mêmes questions... Il n'était pas difficile d'y répondre, nous avions eu une répétition générale en janvier. Aucun fait nouveau malgré le zèle des juges d'instruction et l'audition de dizaines de personnes qui n'ont pas parlé de moi sauf pour dire qu'ils me connaissaient peu ou pas du tout, et des commissions rogatoires lancées en vain en Mauritanie, à Chypre et peut-être ailleurs. Aucun fait nouveau, donc, à part la déposition de l'abbé Pierre qui avait vu l'homme qui avait vu l'homme qui avait vu l'ours, et qui ne rapportait que quelques rumeurs de prélats zaïrois dont il ne se rappelait même pas les noms, et une enquête en Mauritanie pour vérifier que l'usine existait bel et bien.

Au moment où j'écris ces lignes, je suis privé depuis sept mois de mon passeport et donc de mon outil de travail, et je dois me présenter chaque semaine à la gendarmerie la plus proche de mon domicile afin de faire vérifier que je ne suis pas en fuite.

En sept mois, je n'aurai donc été entendu par le juge Courroye que deux fois, et pour qu'il me pose les mêmes questions sur les mêmes faits reprochés !

Pourtant, ce coup de gueule aura peut-être servi à limiter certaines de ces détentions provisoires de type « sanction-pression » pour ceux qui n'ont pas l'opportunité de se faire entendre, par déficit de notoriété, et qui bénéficieront d'une relaxe lors de leur procès, voire d'un non-lieu, *beaucoup moins médiatisé.*

ÉPILOGUE

20

IL PART

Nous avons longtemps ignoré qu'il était malade. Par aveuglement ? Je ne le pense pas. Il nous l'a caché tant qu'il a pu. Nier sa maladie, c'était une façon de croire qu'elle n'existait pas. Exercice périlleux dont je ne suis toujours pas convaincu. J'ai longtemps cru à une sciatique, et peut-être jusqu'à la révélation, la sienne, me plaisait-il encore de le croire.

Il souffrait. Nous souffrions avec lui. Il était animé par une volonté implacable. Tant qu'il le pourrait, poussé par un souffle de vie, il se lèverait, marcherait, se promènerait, travaillerait. Ses promenades dans Paris, au bras de ses proches, de Mazarine ou du mien. Ses promenades, c'est ce qu'il préférait. Nous pouvions rester silencieux sans être chagrins. Discuter de petites choses. Elles sont essentielles ces petites choses, aussi belles et fugaces qu'un souffle d'air frais quand il fait trop chaud. Ce sont celles que l'on retient quand tout est fini, et que l'on revisite comme un musée dont on aurait choisi les œuvres d'art. Elles éclairent notre mémoire comme un vol de lucioles dans la nuit. Il savait qu'il n'avait plus d'avenir, alors il évitait le passé, pour s'accrocher à ce présent éphémère dont il retenait chaque seconde, refusant désormais de donner du temps au temps. Il avait coutume de reprendre la phrase de

Malraux à son compte : « Ce n'est pas parce que j'ai un pied dans la tombe, qu'il faut m'écraser l'autre. » Parce que l'œil était vif, et l'esprit toujours alerte.

Il jouait avec sa douleur. Il voulait savoir jusqu'à quel degré de souffrance il pouvait tenir sans faillir. C'est lui qui déterminait le moment où il prendrait ses médicaments, pas la gueuse. Il nous rendait malades, proches et médecins dont les injonctions n'avaient sur lui aucun effet. Il craignait la morphine par peur de perdre ses facultés intellectuelles. Il a jusqu'à la fin aimé le pouvoir des mots. Les assassins, les drôles, les tendres, les moqueurs. Un jour, à Latch, avec Emmanuelli qui le pressait de donner des arguments pour répondre à ses détracteurs : « Président, aidez-nous à les mettre trois pieds sous terre ! — Ah non, répliqua-t-il, je risquerais de les y retrouver dans peu de temps. »

Je l'ai vu souffrir à Latch, après le sommet de Biarritz, au-delà du supportable. J'ai compris ce jour-là toute la portée des termes *euthanasie* et *euthanasier*. Mais il résistait encore. Lors de sa dernière interview avec Jean-Pierre Elkabbach, le 12 septembre 1994, il avait fait une hémorragie vingt minutes avant le début de l'émission, et il avait refusé de s'y dérober malgré les pressions de ses proches et de ses médecins. Nous avons regardé l'émission en apnée. Sidérés.

A partir du 1er janvier 1996, il a refusé de boire et de manger. Il a décidé de sa mort.

Jacques Chirac a été le premier à se présenter avenue Leplay, le matin de son décès. Il est allé se recueillir quelques minutes sur sa dépouille puis il est revenu vers nous avec les mots qu'il fallait. Son émotion n'était à l'évidence pas feinte et son allocution à la télévision le soir même était celle que l'on pouvait attendre de quelqu'un qui l'avait côtoyé, combattu politiquement, mais qui avait appris aussi à sa façon à le respecter, et peut-être même à l'aimer.

Les responsables de très nombreux pays se sont recueillis devant sa dépouille. Arafat fut peut-être celui dont la peine fut la plus démonstrative... A genoux, penché au-dessus du lit, il prenait le corps de mon père dans ses bras pour pleurer. Quant à Georges Bénouville, il est resté prostré trois jours devant la dépouille mortuaire, appuyé sur sa canne, sans broncher, perdu dans sa tristesse, ses souvenirs, sa religion.

Je me souviendrai longtemps des larmes du chancelier allemand Helmut Kohl lors de la messe à Notre-Dame. Je ne l'ai jamais rencontré, mais elles n'étaient sûrement pas feintes. Le monde politique n'est peut-être pas aussi inhumain qu'on le dit. Surtout quand on a connu celui des affaires.

Il est très difficile de partager son deuil avec des millions d'individus. Cette douleur c'est la vôtre. Vous y êtes tout entier attaché. Retranché dans les souvenirs, les derniers mots, les regrets aussi. J'ai eu le sentiment que l'on m'avait pris mon père jusque dans la mort.

J'ai refusé d'être dans le conseil d'administration de l'Institut François-Mitterrand, où siègent mon frère et Mazarine. Je ne me suis pas rendu aux commémorations du 10 mai 2001. Ni sauterie, ni fête. Pour moi, la messe était dite depuis longtemps. Je n'ai jamais voulu être le prince d'un roi, mais l'enfant d'un père.

21

LES MOTS DE MON PÈRE

Peut-être avais-je attendu toute ma vie les quelques mots que mon père m'a dit avant de mourir. En me les adressant, il m'a ouvert une porte que je croyais fermée à jamais.

Que cherche-t-on de son père ? Une image forte, un chemin, de l'amour ? La personnalité de mon père était forte au point d'être écrasante. Il m'a fallu pourtant exister. Il m'a montré un chemin qui n'était pas le mien. Nos routes se sont pourtant croisées. L'amour ? Il m'a aimé, comme l'homme pressé et occupé qu'il était. Mais au moins m'a-t-il aimé jusqu'aux derniers mots.

C'était un vendredi, trois jours avant sa mort. Je devais me rendre à Abu Dhabi pour la Générale des Eaux. Nous savions que la vie de mon père se comptait en semaines ou en jours, et je décidai de me rendre à son chevet avant de m'envoler pour les Emirats.

Depuis son retour à la vie « civile », mon père habitait un appartement mis à sa disposition par la République, avenue Leplay, près de l'Ecole militaire. C'était pour lui une façon commode de faire coexister ses deux familles. Et surtout de se rapprocher de Mazarine. Ayant fait connaissance de ma demi-sœur quelques années plus tôt, j'allais rendre visite à mon père sans états d'âme, aussi souvent que je le pouvais.

Il me reçut couché comme il le faisait maintenant. Il parlait peu, faiblement, parfois dans un souffle. De choses ordinaires, des enfants, de la famille. Bizarrement, ce jour-là, il se mit à évoquer mon travail à l'Elysée au sein de la cellule africaine, et François de Grossouvre, sa mort étrange, et ses attaques répétées dont j'avais été l'objet. Dois-je dire : le jouet ? Pour la première fois, mon père m'avouait que son conseiller et ami n'avait eu de cesse de m'accuser des pires turpitudes. C'était étrange de remonter dans le temps ainsi. Un temps aux contours flous qui m'avait laissé un goût amer. Et soudain mon père m'en donnait un trait net et précis. Il y avait bel et bien eu attaques, déstabilisation et calomnies. Un temps, il y eut même rupture entre mon père et moi. Une rupture sans mots. Il m'avait enfermé dans son silence. Le journaliste Pierre Péan, que je ne peux qualifier de complaisant à mon égard, avait pointé après enquête les assauts vipérins de Grossouvre et les avait exposés à mon père. Je ne l'appris d'ailleurs que beaucoup plus tard. Le Président l'avait écouté et, le lendemain matin, m'invitait à prendre son petit déjeuner avec lui. Sans désigner le coupable, la glace avait fondu.

Après ce premier aveu, il y eut un long silence. Il se tenait là, étendu, les yeux mi-clos, à un souffle du mien. Puis il rouvrit les paupières et, sans me regarder, me dit : « Excuse-moi, je t'ai fait beaucoup de mal... » Il n'a pas terminé sa phrase. Il avait dit l'essentiel.

Il ne s'alimentait plus depuis le 1er janvier. On lui avait découvert des métastases au cerveau. Sa chère tête pleine et bien faite. Il renonçait. Nous savions qu'il se laissait mourir.

Le lendemain, je partais pour Abu Dhabi. Arrivé le samedi soir, le Dr Tarot m'appela le dimanche matin pour me demander de rentrer. Le lundi matin, au moment où j'atterrissais à Roissy, mon père rendait son dernier souffle.

TABLE

Cet ouvrage a été composé par
Nord Compo (Villeneuve d'Ascq)
et imprimé par la Société Nouvelle Firmin-Didot
Mesnil-sur-l'Estrée
pour le compte de la librairie Plon
Achevé d'imprimer en octobre 2001

Imprimé en France

Dépôt légal : août 2001
N° d'édition : 13401 - N° d'impression : 57113